I0831225

Destierros y destiempos

ESTUDIOS HISPÁNICOS EN EL CONTEXTO GLOBAL
HISPANIC STUDIES IN THE GLOBAL CONTEXT
HISPANISTIK IM GLOBALEN KONTEXT

Edited by Ulrich Winter, Christian von Tschilschke
and Germán Labrador Méndez

VOLUME 13

Mario Martín Gijón / Chiara Francesca Pepe /
José-Ramón López García (eds.)

Destierros y destiempos

Una revisión del exilio republicano español

PETER LANG

Bibliographic Information published by the Deutsche Nationalbibliothek
The Deutsche Nationalbibliothek lists this publication in the Deutsche Nationalbibliografie; detailed bibliographic data is available online at http://dnb.d-nb.de.

Este libro forma parte del proyecto de investigación *La historia de la literatura española y el exilio republicano de 1939*; final (FFI2017-84768-R), financiado por el Ministerio de Economía y Competitividad

Cover illustration: Retirada, enero de 1939.

ISSN 2364-8112
ISBN 978-3-631-85370-2 (Print)
E-ISBN 978-3-631-85723-6 (E-PDF)
E-ISBN 978-3-631-85724-3 (EPUB)
E-ISBN 978-3-631-85725-0 (MOBI)
DOI 10.3726/b18529

Peter Lang – Berlin · Bern · Bruxelles · New York · Oxford · Warszawa · Wien

This publication has been peer reviewed.

www.peterlang.com

ÍNDICE

Lista de autores 7

José-Ramón López García, Chiara Francesca Pepe y Mario Martín Gijón
Presentación 9

Aurora Díez-Canedo
ENRIQUE DÍEZ-CANEDO TRADUCTOR. VARIA POÉTICA INÉDITA 13

José-Ramón López García
UNA ONTOLOGÍA DEL EXILIO: *EL DESTERRADO* (1940) DE ENRIQUE DÍEZ-CANEDO 21

Antonio Rivero Machina
LAS LECTURAS CRÍTICAS DE ENRIQUE DÍEZ-CANEDO SOBRE ANTONIO MACHADO: COSMOPOLITISMO E HISPANIDAD. 35

Manuel Aznar Soler
LA JUNTA DE CULTURA ESPAÑOLA Y LA ACOGIDA DE LOS INTELECTUALES DEL EXILIO REPUBLICANO ESPAÑOL EN LA ARGENTINA DE 1939 45

Javier Sánchez Zapatero
ANALOGÍAS, INTERTEXTOS E INTERACCIONES: UNA LECTURA CONTRASTIVA DE *LA LLAMA*, DE ARTURO BAREA 79

Marco Antonio Núñez Cantos
LA POÉTICA DE BUÑUEL. ENTRE LA PALABRA Y LA IMAGEN 93

Celia Faba Durán
LOS TRABAJOS DEL EXILIO: *NUESTRO HOGAR DE CADA DÍA*, DE MARÍA TERESA LEÓN 105

Isabel Álvarez Sancho
LA GEOGRAFÍA HISTÓRICA DE MARÍA TERESA LEÓN EN *MEMORIA DE LA MELANCOLÍA* 115

Míryam Vílchez Ruiz
"AMANECER A OSCURAS". EL EXILIO Y LAS CONEXIONES ENTRE TRADICIONES RELIGIOSAS EN *HAI-KAIS ESPIRITUALES*, DE ERNESTINA DE CHAMPOURCIN 125

Maroš Timko
"CON LA MALETA HECHA". LA REALIDAD SOCIALISTA CHECOSLOVACA VISTA POR LOS EXILIADOS ESPAÑOLES 139

Luis A. Esteve Juárez
VIDA ENTRE PARÉNTESIS, DE ANTONIO OTERO SECO: LAS CÁRCELES DE FRANCO CONTADAS DESDE EL EXILIO 153

Roberto Carlos Ramírez Morcillo
CUMBRES DE EXTREMADURA: UNA NOVELA DE GUERRA Y EXILIO 167

Lista de autores

CHIARA FRANCESCA PEPE
(Universidad de Extremadura)

MARIO MARTÍN GIJÓN
(Universidad de Extremadura)

AURORA DÍEZ-CANEDO
Universidad Nacional Autónoma de México

MARCO ANTONIO NÚÑEZ CANTOS
I.E.S. Al Qázeres (Cáceres)

CELIA FABA DURÁN
Universidad Complutense de Madrid

JOSÉ-RAMÓN LÓPEZ GARCÍA
GEXEL-CEDID-Universitat Autònoma de Barcelona

LUIS A. ESTEVE JUÁREZ
GEXEL-Universitat Autònoma de Barcelona

ANTONIO RIVERO MACHINA
I.E.S. Valle de Ambroz (Hervás, Cáceres)

ROBERTO CARLOS RAMÍREZ MORCILLO
I.E.S. José Luis Tejada Peluffo
(El Puerto de Santa María, Cádiz)

MÍRYAM VÍLCHEZ RUIZ
GEXEL-CEDID-Universitat Autònoma de Barcelona

ISABEL ÁLVAREZ SANCHO
Oklahoma State University

MANUEL AZNAR SOLER
GEXEL-CEDID-Universitat Autònoma de Barcelona

MAROŠ TIMKO
Univerzita Karlova v Praze

JAVIER SÁNCHEZ ZAPATERO
GEXEL-CEDID Universidad de Salamanca

JOSÉ-RAMÓN LÓPEZ GARCÍA, CHIARA FRANCESCA PEPE Y MARIO MARTÍN GIJÓN

PRESENTACIÓN

Bajo el título de *Destierro y destiempo de Max Aub*, homenajeaba hace ahora un cuarto de siglo Antonio Muñoz Molina, en su discurso de ingreso en la Real Academia Española, a un escritor que había fantaseado, cuarenta años antes, en el discurso *El teatro español sacado a la luz de las tinieblas de nuestro tiempo*, con su entrada en una Academia Española, aunque no real, sino republicana. Si bien el discurso de contestación se lo dio Francisco Ayala, que había sido exiliado y que había conocido bien a Aub, se trataba en esos momentos de una reivindicación poco común de un escritor del exilio republicano en un momento en el que la literatura de la diáspora estaba en una situación de olvido y, muchas veces, en un limbo historiográfico. Poco antes, en 1993, se había fundado el Grupo de Estudios del Exilio Literario (GEXEL) que, desde la Universitat Autònoma de Barcelona, denunciaba el hecho de que, "al margen de aquellos autores cuya obra ha sido total o parcialmente recuperada, una gran parte de nuestros escritores exiliados nos son aún hoy inaccesibles, ya que muchos de sus libros no figuran en bibliotecas públicas, catálogos editoriales o librerías". Tres décadas tras la muerte del dictador, las consecuencias de su política seguían presentes en la ausencia o la presencia marginal en las historias de la literatura y en los manuales de escritores como María Zambrano, Max Aub, María Teresa León, José Bergamín, y un largo etcétera. Ese grupo de estudios surgía para compensar la falta de lo que hubiera debido ser una política de Estado, pues, se afirmaba en su manifiesto fundacional, a esas alturas el exilio constituía "una asignatura pendiente de la política cultural de la España democrática y, especialmente, de un gobierno cuyo partido luchó en defensa de aquellos mismo valores".

Frente a su encapsulamiento como una parcela literaria aparte y delimitada, desde el ámbito académico, autores como Mari Paz Balibrea han expresado la necesidad de "explorar otras formas posibles de vincular, integrar, reubicar, 'des-marginalizar' la literatura del exilio, formas que la alejen de la negatividad y exclusión que necesariamente proyecta el oponerla —aun cuando la reintegremos— a una producción literaria y un canon definidos". En 2019 se cumplieron ochenta años del mayor exilio, cuantitativa y cualitativamente, de la historia de un país pródigo en ellos, desde los judíos sefarditas a los liberales del siglo XIX. Cuando falta poco para que el GEXEL cumpla treinta años de existencia, puede afirmarse que este grupo de investigación ha contribuido sustancialmente a convertir la investigación sobre el exilio republicano español en uno de los ámbitos más pujantes de la investigación filológica, como atestiguaron recientemente, con motivo de los 80 años del exilio republicano español, el medio centenar de congresos internacionales que, desde diversas perspectivas, estudiaban y ponían en valor la obra de los exiliados.

El presente volumen se imbrica dentro del proyecto de investigación *La historia de la literatura española y el exilio republicano de 1939*, financiado por el Ministerio de Economía y Competitividad. La finalidad de este proyecto supone una relectura crítica e integradora de un legado de importancia tanto nacional como internacional. De este modo, implica a la historia literaria tanto de España como del resto de países en que fueron acogidos nuestros exiliados, una diáspora que generó un corpus cuantitativa y cualitativamente relevante en algunos de los sistemas culturales más importantes de Europa y de América. Por eso, este proyecto asume como parte de su finalidad una mejor comprensión de la literatura española en un ámbito internacional y comparatista de primer orden.

Este enfoque internacional, comparatista y multidisciplinar explica su estructura y los muy distintos textos que aquí presentamos. En primer lugar, se ofrece un triple abordaje sobre la obra de Enrique Díez-Canedo, poeta, crítico y ensayista, una referencia ineludible en la España anterior a la guerra, y que el franquismo expulsó de la evolución de la crítica en España, asumido su lugar por los dámasos y laínes que ocuparon las tribunas filológicas en la dictadura. El primer estudio que se le dedica, que tiene el valor adicional de venir de su nieta, Aurora Díez-Canedo, recoge su obra como traductor, labor tan indispensable en los sistemas literarios por lo que tiene de apertura a otras problemáticas, como poco reconocida. Se sigue un análisis, a cargo de José-Ramón López García, de *El desterrado*, una de las más profundas introspecciones sobre la condición del exiliado y que, pese a la admiración que suscitó en la comunidad exiliada, es muy poco conocido por el público en general, hecho que también tiene que ver con el etiquetaje de Díez-Canedo como crítico, y el descuido hacia su obra como poeta. Finalmente, Antonio Rivero Machina aborda la lectura que el crítico Díez-Canedo hizo de Antonio Machado, que se convirtió enseguida en un lugar de memoria del exilio, y que se articula entre los polos el cosmopolitismo y el hispanismo.

El cabal entendimiento de las coordenadas del exilio exige, por supuesto, el acceso a documentos muchas veces dispersos y de difícil localización, cuando no, en el peor de los casos, desaparecidos. El trabajo realizado por Manuel Aznar Soler es una muestra de cómo el estudio de documentación inédita, en este caso la de la Junta de Cultura Española, fundada en París en 1939, nos ayuda a comprender las circunstancias en las que se organizó la llegada a Argentina de un importante contingente de exiliados. También las memorias, publicadas o inéditas, pueden ayudar a situarnos en un contexto tan diferente como el que enfrentaron los exiliados españoles en Checoslovaquia, uno de los escenarios del exilio que aún resulta más desconocido, a pesar de su importancia, investigado aquí por Maroš Timko.

Desde un enfoque comparatista aborda Javier Sánchez Zapatero la obra literaria *La llama*, de Arturo Barea, que se pone en relación tanto con la obra de otros corresponsales de guerra como con el reflejo, diametralmente opuesto, de la guerra en Madrid por los escritores adictos al franquismo. Asimismo, el profesor salmantino llama la atención sobre la influencia inesperada de esta obra en la novelística reciente, por ejemplo del propio Muñoz Molina. La perspectiva comparada, esta vez entre distintos lenguajes artísticos, domina el análisis que sobre la poética cinematográfica de Luis Buñuel realiza Marco Antonio Núñez, y donde resalta cómo los inicios de Buñuel como poeta marcaron su mirada como cineasta.

En el caso de las exiliadas, a las circunstancias del exilio vino a sumirse la sempiterna brecha de género, agravada porque en España se impuso una sociedad de claro corte patriarcal y que disminuía el valor de entrada de las artistas y escritoras. En este libro se ofrecen tres estudios sobre dos notabilísimas escritoras que sufrieron no solo del exilio agravado de las mujeres, sino de que también, en buena medida, su obra estuvo a la sombra de las de sus cónyuges. Y sin embargo, los últimos años han visto una clara revaloración de la obra de María Teresa León y, en menor medida, de Ernestina de Champourcin. En el caso de la primera, se presentan dos estudios especialmente innovadores. Así, Celia Faba Durán aborda *Nuestro hogar de cada día. Breviario de la mujer de su casa* y rebate las críticas que se le dirigieron en los años setenta desde ciertos ámbitos feministas, reivindicando esta obra, precisamente, como un texto que puede fomentar la autonomía de las mujeres en un terreno, como el del hogar, descuidado por el feminismo frente a la esfera pública. Por su parte, Isabel Álvarez Sancho analiza *Memoria de la melancolía*, la autobiografía de María Teresa León, como una moderna *Laus Hispaniae*, que enlaza con la reflexión sobre "el problema de España", tan en boga en el exilio, pero vinculándolo con sus recuerdos personales. En cuanto Champourcin, el análisis que realiza Míryam Vílchez Ruiz de su poesía del amor divino demuestra cómo incluso en el ámbito de la poesía religiosa, tan fomentada en la España franquista, el exilio podía superarla gracias a la experiencia del destierro y a una apertura a otras tradiciones, como fue el caso de *Hai-Kais Espirituales* (1967), que se vinculó a la poesía japonesa.

Se cierra este libro con dos trabajos dedicados a Antonio Otero Seco y José Herrera Petere. Dos escritores muy distintos que, sin embargo, tienen en común haber sido de los pocos en haber novelizado la Guerra Civil mientras se combatía, el primero con *Gavroche en el parapeto*, la primera novela sobre la guerra desde la perspectiva republicana, y el segundo con su trilogía formada por *Acero de Madrid*, *Puentes de sangre* y *Cumbres de Extremadura*. Ambos, además, terminarían exiliados en el ámbito francófono, lo cual ineludiblemente condicionó su devenir creativo, encauzando Otero Seco su trayectoria hacia la docencia y la crítica de libros en *Le Monde*, mientras que Herrera Petere abandonaba su vertiente narrativa para consolidarse como poeta en el seno del grupo suizo "Jeune Poésie". Mientras que Luis A. Esteve Juárez aborda la obra inédita *Vida entre paréntesis*, de Antonio Otero Seco, descripción estremecedora de su experiencia en las cárceles de Franco, Roberto Carlos Ramírez Morcillo analiza cómo las distintas circunstancias de escritura, primero en la guerra y después en el exilio, condicionan las dos muy distintas ediciones, de 1938 y de 1945, de la más conocida novela de José Herrera Petere, *Cumbres de Extremadura*, así como describe el intento, finalmente frustrado, de una tercera edición que hubiera podido sortear la censura y publicarse en España. Ramírez Morcillo, que desempeña su labor docente en un instituto de enseñanzas medias, recuerda la necesidad de que las reconfiguraciones del canon literario tengan su reflejo final en los currículos docentes de las jóvenes generaciones.

AURORA DÍEZ-CANEDO

Universidad Nacional Autónoma de México

ENRIQUE DÍEZ-CANEDO TRADUCTOR. VARIA POÉTICA INÉDITA

Enrique Díez-Canedo fue reconocido en su época como traductor especialmente por sus traducciones en prosa. Tradujo, casi siempre del francés, autores y obras como *Manzana de anís* de Francis Jammes (Barcelona: Eduardo Doménech, 1909); *Poil de carotte –Zanahoria–* de Jules Renard (Madrid: Calleja, 1917); *Páginas escogidas* de Montaigne (Madrid: Calleja, 1917); *Dingley, el ilustre escritor* (Biblioteca Nueva, 1920) y *La maitresse servante (Servidumbre de amor)* (Madrid: Biblioteca Nueva, 1923) de los hermanos Jean y Jerôme Tharaud; *La duquesa de Malfi* de John Webster (Madrid: Calpe, 1920); *Fermina Márquez* (1911) de Valery Larbaud (Madrid: Calpe, 1921); *La puerta estrecha* de André Gide (Madrid: Saturnino Calleja, 1922), entre otras cosas.

Pero también la traducción de poesía fue una constante en su vida. Entre sus traducciones poéticas cabe mencionar, en orden cronológico, la antología *Del cercado ajeno* (Madrid: M. Pérez de Villavicencio, 1908); la conocida antología *La poesía francesa moderna* que preparó con Fernando Fortún (Madrid: Renacimiento, 1913); *Fábulas* de La Fontaine (Madrid: Calleja, 1918); *Del toque de alba al toque de oración* de Francis Jammes (Madrid: Calpe, 1920); *Cordura* (*Sagesse*, 1881), de Paul Verlaine (Madrid: Ediciones Mundo latino, 1922).

Gracias a la traducción poética, Díez-Canedo entró en contacto con poetas de otras lenguas y distintas latitudes. En su antología *Del cercado ajeno*, además de "poetas ingleses, italianos, franceses, portugueses, belgas, norteamericanos, etc.", tal y como se anuncia el contenido en la contraportada del libro, incluyó cinco poemas de autores japoneses.

Las traducciones que Díez-Canedo realizó en el exilio, principalmente para el Fondo de Cultura Económica, que, como es bien sabido, se benefició de las traducciones de los refugiados españoles, no fueron literarias sino de libros de historia y ciencia política. Del italiano tradujo *La storia come pensiero e come azione* de Benedetto Croce (Bari, 1938), con el título *La historia como hazaña para la libertad*, que se publicó en 1942; y del inglés –inglés del siglo XVII– *La república de Océana* de James Harrington. El manuscrito de esta segunda traducción, que debió emprender entre 1943 y 1944, fue hallado a fines de los años setenta en los archivos del FCE por el entonces director de esta editorial José Luis Martínez, quien al indagar por el enorme rezago de este libro recuperó, de manos de Manuel Calvillo –a quien Manuel Pedroso[1], el encargado de la colección Teoría política y Derecho en tiempos de Daniel Cosío Villegas, se lo había dado para su revisión–, el original a máquina de esta traducción de Harrington. Este libro no se publicó sino hasta 1987. "La transcripción mecanográfica –cuenta José Luis Martínez en una nota a la edición (Lira, 2018)– la había hecho doña Teresa, esposa de don Enrique, estaba revisada y corregida por el mismo traductor y aun marcada para su impresión por Joaquín Díez-Canedo", hijo de Enrique que había llegado a México también como refugiado de la Guerra Civil en 1940 y que, desde 1942, entró a trabajar en el FCE[2]. En el exilio, Díez-Canedo también tradujo poesía, por ejemplo, poemas de Jules Romains de su libro *L'homme blanc* (Flammarion, 1937), que incluiría en su antología de poesía traducida *La poesía francesa del romanticismo al superrealismo* (Losada, 1945)[3].

El propósito de este trabajo es presentar un material de trabajo en su mayor parte inédito. Entre los papeles del archivo de Enrique Díez-Canedo se encuentran dos carpetas o libretas con hojas sueltas manuscritas de poemas traducidos por él[4]. Son poemas de muy distintas épocas (desde el siglo XIII hasta el XX), ordenados por su origen o nacionalidad y cronológicamente; en total, suman poco más de trescientos poemas. Algunos presentan las fechas de nacimiento y muerte del poeta en cuestión, pero no la mayoría; sin embargo, esto da un indicio de que Díez-Canedo tenía la idea didáctica de incluir fichas biobibliográficas de los autores, como hizo en sus antologías poéticas previas *Del cercado ajeno* y *La poesía francesa moderna*.

Los poemas incluidos en las libretas que componen el Libro I abarcan desde autores italianos de los siglos XIII y XIV hasta norteamericanos como Walt Whitman; de algunos hay solo un poema, de otros, se incluyen varios, como pensando en una selección posterior. Este Libro I, además de los italianos de los

1 Manuel Pedroso (La Habana, 1883-México 1958) fue catedrático de Derecho político en la Universidad de Sevilla en 1927. Depurado durante el Franquismo, se exilió en México al final de la Guerra Civil española.

2 José Luis Martínez dirigió el Fondo de Cultura Económica entre 1977 y 1982. Joaquín Díez-Canedo trabajaba en el FCE desde 1942.

3 Por la correspondencia del archivo histórico de El Colegio de México sabemos que Díez-Canedo tenía el encargo de traducir para Losada dos volúmenes de la serie *Los hombres de buena voluntad* de Jules Romains, compromiso del que se retractó o no realizó por dar prioridad a otros trabajos.

4 Libro I, 289 páginas; Libro II, 201 páginas. Solo el segundo tiene folios manuscritos.

siglos referidos (Jacopo da Sentino, Fra Domenico Cavalca, Cecco Angiolieri, Messer Franco Sacchetti, Giovanni Pico della Mirandola, Jacopo Sannazaro, Giambattista Marini, Claudio Achillini), incluye a poetas ingleses y franceses antiguos y modernos; portugueses, catalanes, rumanos y norteamericanos.

Entre los ingleses figuran los nombres de Sir Phillip Sidney, Michael Drayton, John Donne, Thomas Dekker, Sir John Suckling, Robert Herrick, George Herbert, William Cowper; William Blake, Percy B. Shelley, Alfred Tennyson, Robert Browning, Robert Louis Stevenson, Algernon Charles Swinburnne; Rudyard Kipling (5 poemas), William Sharp, William Watson, Arthur Symons, William Butler Yeats, Lionel Johnson, Ernest Radford, William H. Davies, Ralph Hodgson, Joseph Mary Plunkett y Richard Aldington.

Entre los franceses del siglo XVII hallamos a Theophile de Viau, Vincent Voiture, Tristan L'Hermite, Jean Racine y André Chénier. Entre los modernos a Charles Baudelaire, Leconte de Lisle, Joséphin Soulary, José María de Heredia, Gabriel Vicaire, Armand Silvestre, Stéphane Mallarmé, Paul Verlaine, Gustave Kahn, Paul-Napoléon Roinard, Edouard Ducoté, Pierre Quillard, Julian Ochsé, Georges A. Tournoux, Paul Valéry, André Spire (5 poemas), René Arcos, Guillaume Apollinaire, Pierre Albert-Birot, Georges Duhamel, Valery Larbaud, Paul Morand, Charles Vildrac, Rainer María Rilke (que escribía en francés) y Tristan Derême, entre otros.

Por lo que se refiere a poetas portugueses incluye a Teixeira de Pascoaes, Fernanda de Castro y Felippe d'Oliveira. Entre los catalanes a Apel·les Mestres, Josep Pijoan, Francesc Pujols, Josep Carner (con siete poemas), Josep Maria López-Picó (con nueve poemas), Josep M.ª de Sagarra, Tomàs Garcés y Roser Matheu. Por último, incluye también a poetas rumanos como Mihai Eminescu.

El Libro II incluye otros tantos alemanes, italianos, franceses, ingleses, nórdicos, orientales, griegos, polacos y rusos. Por mencionar algunos, anoto los siguientes nombres: Umberto Saba, Marinetti, Ungaretti, Corazzini, Buzzi, Govoni, entre los italianos; D.H. Lawrence, Chesterton, Synge y Masefield, entre los británicos; el alemán Stefan George; Bjornsson, Jacobsen, Ibsen, entre los nórdicos; búlgaros como Hristo Botiov; checos como Otokar Brézina; croatas como Antun Branko Simic, Ljubomir Micic, Miroslav Krleza, Gustav Krklec (con 6 poemas); griegos como Sotiris Skipis, Lambros Porphyras, Stephanos, Miltos Malakasis, Kostis Palamas; japoneses: Po-Chu-I, Chu- Kuang-Hi, Mong-Kao-Jen, Li-Oey, Chan-Yo-Su; y rusos: Tarás Shevchenko, Maiakovski, Ana Ajmátova.

En qué momento Díez-Canedo escogió, tradujo, hizo las transcripciones y ordenó todas estas traducciones es la pregunta que surge al revisar estas dos libretas. Difícilmente durante su vida de exiliado en México, debido a sus múltiples compromisos y ocupaciones y a las complicadas condiciones de los profesores de La Casa de España. Durante sus años de exilio en México impartió cursos en la Universidad Nacional y, en dos temporadas, en Morelia y Guanajuato; a mediados de 1942 viajó a Middlebury también como profesor invitado. Antes de salir hacia los Estados Unidos, a fines de junio de 1942, envió por correo –con destino a Buenos Aires– el original a máquina de su antología *La poesía francesa moderna del romanticismo al superrealismo*, con la esperanza de que recibiría algún pago por ese trabajo, pues se encontraba en una situación económica precaria[5].

Por otro lado, en México no tenía su biblioteca ni las revistas que debía recibir y/o consultar cotidianamente en Madrid. ¿Dónde se encuentran los poemas originales traducidos por Díez-Canedo? Contestar a esta pregunta conduciría a las fuentes bibliográficas en que se basó, y no sabemos si eran libros de su biblioteca, de otras bibliotecas o revistas literarias. Lo más probable es que iniciara este trabajo de investigación y lectura, escritura, transcripción y ordenamiento a principios de los años treinta, si se atiende a algunas notas (o referencias) en el Libro I. Así, en los poemas "La piedra" y "Los lagos" de Fernanda de Castro da la referencia del libro donde se encuentran, *Cidade em flor*, 1924; o en "Asonancias y evasiones" de López Picó incluye la fecha "1933".

A juzgar por la letra bastante uniforme y con muy pocas –aunque algunas– tachaduras, a lo largo de las dos libretas, parece ser un trabajo pasado en limpio en un momento en que Díez-Canedo debió gozar de tiempo y estabilidad para completarlas, condiciones que perdió a partir de su nombramiento como embajador en Uruguay, su viaje a Filipinas a fines de 1935, la embajada en Argentina en 1936 y el estallido de la guerra en España que le impidió regresar a su casa con sus libros y papeles y mantener su ritmo habitual de trabajo. Por otra parte, cabe aclarar que Díez-Canedo escribía siempre a mano. Según parece, para la entrega de sus artículos a los periódicos madrileños en que trabajó durante años contaba con alguien que entendía su letra o se los pasaba a máquina; probablemente era alguien del mismo periódico, pero en México siempre fue alguien de la familia. De todos los artículos que publicó en México en *Excélsior* y *Jueves de*

5 Carta a Guillermo de Torre sin fecha. Se conserva el borrador manuscrito de esta carta en el archivo de Enrique Díez-Canedo, donde le pide un anticipo a cuenta del trabajo terminado. El original a máquina de la antología se envía por valija diplomática al Consulado de México en Montevideo y no es recibido en Losada sino hasta junio de 1944. Díez-Canedo ya no verá la edición publicada.

Excélsior se conservan tanto los manuscritos con su letra apretada y clara como sus versiones a máquina.

Por una u otra vía, las libretas con sus traducciones de poesía llegaron a México donde hasta la fecha se conservan tal y como él las dejó. Algunas de estas traducciones las aprovechó en dos libros que confeccionó en el exilio: *La nueva poesía*, texto de un curso que dio en Morelia en 1941 y que se publicó un año después como libro por el periódico *El Universal*, y la antología *La poesía francesa del romanticismo al superrealismo*, publicada por la editorial Losada en 1945 (portadilla)-1946 (fecha del colofón).

En *La nueva poesía* incluyó los siguientes poemas traducidos por él (todos proceden de la Libreta II): "A mi mujer" de Umberto Saba (Díez-Canedo, 1942: 75–77); "Las cosas que hacen primavera" de Corrado Govoni (Díez-Canedo, 1942: 73–74); "Cría de tortuga" de D. H. Lawrence (Díez-Canedo, 1942: 79–81) e "Hice una buena acción" del expresionista austro-checo Franz Werfel (Díez-Canedo, 1942: 71). Asimismo, en *La poesía francesa del romanticismo al superrealismo* incluyó diecinueve poemas: Charles Cros, "El arenque" (Díez-Canedo, 1945: 151–152); Paul Claudel, "Santiago" (430); Paul Valéry, "El cántico de las columnas" (439–441) y "Oda secreta" (444–445); J. P. Toulet, "Contra-rimas" (462–464); Tristan Derême, XII (469), CVIII (469) y CXVIII (469–470); Valery Larbaud, "El antifaz" (523), "Alma perdida" (523–524) y "Mers-el-Kebir" (524); Charles Vildrac, "Canción de soldado" (537–538); Georges Duhamel, "Mi soledad" (545–546) y "El secreto" (546–547); Paul Morand, "Esperar" (575–576) y "Una placa indicadora" (577–578); Gabrielle D'Annunzio, "Oda para la resurrección latina" (681–688); y Rainer María Rilke, "Vergeles" (690–692) y "Cuartetas valesanas" (693–694).

Enrique Díez-Canedo desplegó también una intensa actividad epistolar desde México para la que se considera su segunda antología traducida de poesía francesa, si bien el trabajo de "actualización" para la edición de Losada fue arduo: *La poesía francesa del romanticismo al superrealismo* consta de 720 páginas, en comparación con las 375 de la antología *La poesía francesa moderna* de 1913, que, no obstante, fue la base sobre la que trabajó. En el archivo del antologador se encuentran algunas respuestas y envíos de poemas traducidos que recibió en 1942: del mexicano Rafael Lozano –que le manda varias traducciones inéditas–, del salvadoreño Fernando Gavidia, del ecuatoriano Jorge Carrera Andrade y del cubano Mariano Brull. Por otro lado, las traducciones de "Brisa marina" de Stéphane Mallarmé y de "Lazos" de Gabrielle D'Annunzio, incluidas en *La poesía francesa del romanticismo al superrealismo* son las de Díez-Canedo sino responsabilidad de Alfonso Reyes y de Guillermo de Torre, respectivamente (ignoro si ellos las habían publicado antes). Cabe recordar que

Díez-Canedo incluyó a D'Annunzio y Rilke en un "Apéndice" como "extranjeros que han cultivado la poesía francesa" (Díez-Canedo, 1945: 679). Suponiendo que las libretas de poetas traducidos daten de los años treinta, para cuando prepara *La poesía francesa del romanticismo al superrealismo* ya contaba, pues, con dichas traducciones. Asimismo, Díez-Canedo tradujo además en México, seguramente a principios de 1942 –o antes–, el *Preludio* de *El hombre blanco* y el poema "O Vous, les Autres, là bas..." ("Eh, vosotros, los de allá, hombres de todas las razas...") de Jules Romains para *La poesía francesa del romanticismo al superrealismo*. La nota biobibliográfica del autor está actualizada por el antologador, quien escribe: "Jules Romains ha viajado por el mundo, ha tomado parte en congresos, ha presidido la asociación internacional del P. E. N. Club, y es uno de los espíritus directores del pensamiento actual. Desde la guerra ha vivido en Nueva York y actualmente en México" (Díez-Canedo, 1945: 549). El ejemplar de *L'homme blanc* de la biblioteca de Enrique Díez-Canedo tiene la siguiente dedicatoria: "A mon vieil ami Enrique Díez-Canedo, qui j'ai eu la joie de retrouver au Mexique. Jules Romains, México. Février 1942".

Surgen varias preguntas: ¿fueron todas estas traducciones hechas como un ejercicio o práctica de traducción, por el gusto de hacerlas, o tuvo el traductor un propósito más allá de esto, es decir, de editarlas como una antología de poesía traducida al estilo de su primera antología de 1908 *Del cercado ajeno*? ¿Qué valor tenía entonces y tiene hoy una antología de poesía traducida? Y finalmente, ¿qué hacer con este material inédito?[6].

Es posible encontrar estados de ánimo, descripciones, sensaciones e impresiones breves, ideas y visiones del mundo en este gran conjunto de poemas escritos por poetas muy diversos con los que, sin duda, el traductor español se identificaba y tenía afinidad. En este sentido nos hablarían de sus propios gustos, ideales, estados de ánimo y de su visión del mundo. Como crítico y traductor de poesía además de poeta, a Díez-Canedo le interesó, en primer lugar, la poesía francesa; después, los movimientos y escuelas de vanguardia, pero, finalmente, en la traducción de poesía en verso encontró una veta de estudio para los estudios comparados[7] y se dedicó a dar seguimiento a las diversas aportaciones de quienes, como él, se dedicaron a la traducción poética. Esta disciplina, no

6 Volumen contemplado en el "plan de la edición" de las Obras de Enrique Díez-Canedo en Joaquín Mortiz bajo el título: *Versiones poéticas*, pero que no llegó a realizarse.

7 Marcelino Jiménez León lo define como un "comparatista" (Jiménez León, 2011: 16).

solo enriquecedora según él de la propia tradición sino valiosa y significativa en sí misma, lo llevó, por un lado, a mantener un intercambio productivo con otros escritores de Hispanoamérica y, por otro, a detectar y estudiar influencias insospechadas y tender lazos y remontar fronteras entre distintas lenguas y literaturas. Es posible afirmar que, desde esta perspectiva, practicó y proyectó no una poética individualista basada en la adhesión a una idea o postura dada sino en la atención y escucha de múltiples voces y sus mensajes, y que entender sus posibles y/o aparentes conexiones fue para él un asunto de interés vital en lo artístico y como norma de vida.

Muchos ejemplos podrían encontrarse en sus selecciones y traducciones para entender esta idea. Cito las últimas estrofas del *Preludio* a *El hombre blanco* de Jules Romains en la traducción de 1942 de Díez-Canedo que dicen:

Los pueblos ya dejaron de oír a los poetas;
Se entregan a otros juegos; a más sombrío amor.
¿Se vengarán acaso volviendo la cabeza
con un desprecio mudo que les remuerda el alma?

¿O, para consolarse del éxtasis común,
en rito tenebroso trocarán el poema?
Turbias palabras, frases torcidas, humo grato
¿sabéis a sus azules ojos cubrir el mundo?

A no ser que en demanda de sonrisas o injurias
del que pasa y fue blanco de ruidos, de fulgores,
suelte una rara estrofa que se ponga a danzar
cual mono desmedrado que va mascando flores.

Prefiero conservar la misma voz tranquila,
cual si escuchara toda la tierra nuestro canto,
viéndose hasta los cielos gradas en ascensión
llenas de labradores, mujeres, comerciantes (Díez-Canedo: 1945: 577).

BIBLIOGRAFÍA CITADA

DÍEZ-CANEDO, Aurora. "Traducir poesía. Correspondencia entre Enrique Díez-Canedo y Enrique González Martínez". *Literatura Mexicana*, XXV, 2 (2005): 187–205. Disponible en: https://revistas-filologicas.unam.mx/literatura-mexicana/index.php/lm/article/view/511 (15 de mayo de 2019).

DÍEZ-CANEDO, Enrique. *Del cercado ajeno*. Madrid: M. Pérez de Villavicencio, 1908.

DÍEZ-CANEDO, Enrique. *La poesía francesa del romanticismo al superrealismo*. Buenos Aires: Losada, 1945.

DÍEZ-CANEDO, Enrique. *La nueva poesía*. Ciudad de México: ediciones encuadernables de *El Nacional*, 1942. (Hay edición moderna: Enrique Díez-Canedo. *La nueva poesía*. Noticia de Aurora Díez-Canedo. Ciudad de México: Libros del Umbral, 1981).

DÍEZ-CANEDO, Enrique y Fernando FORTÚN. *La poesía francesa moderna*. Madrid: Renacimiento, 1913.

HARRINGTON, James. *La república de Océana*. Traducción de Enrique Díez-Canedo; "Noticia". de José Luis Martínez; "Introducción" ("La teoría republicana de Harrington") de George H. Sabine; Prólogo ("Harrington y su Océana", s/a) de [José Miranda]. Ciudad de México: Fondo de Cultura Económica, 1987.

JIMÉNEZ LEÓN, Marcelino. *La obra crítica de Enrique Díez-Canedo*. Mérida: Editora Regional de Extremadura, 2011.

LIRA, Andrés. "Noticia y aclaración sobre el autor de un prólogo". *Biblioteca de México*. Número especial "100 años de José Luis Martínez", 163–164 (2018): 101–102.

JOSÉ-RAMÓN LÓPEZ GARCÍA

GEXEL-CEDID-Universitat Autònoma de Barcelona

UNA ONTOLOGÍA DEL EXILIO: *EL DESTERRADO* (1940) DE ENRIQUE DÍEZ-CANEDO*

En 1948, en "La poesía española del destierro en América", uno de los primeros balances que se realizan de la poesía del exilio republicano de 1939, Francisco Giner de los Ríos definía el poema "El desterrado" de Enrique Díez-Canedo como "la divisa de todos nosotros, la cifra de nuestro ser desterrado" (Giner de los Ríos, 1948: 4). También la exquisita sensibilidad lectora de Angelina Muñiz-Huberman (1999: 139–254; 1999–2000; 2007: 159–179) ha entendido la poesía final de Díez-Canedo como ejercicio de esa poética propia que, a su juicio, genera todo exilio. Particularmente, la hispano-mexicana define *El desterrado* como un libro en el que, además de darse explicación al sentido de la existencia que se buscaba en su obra anterior, se ofrece una "verdadera síntesis de la esencia final, tal vez el poema más representativo del significado del exilio español de 1939. Donde el sueño ya no es lo importante, sino el despertar. Donde nada se pierde" (Muñiz-Huberman, 1999–2000: 284).

Me interesa en la presente ocasión indagar en algunos de los motivos que pueden acreditar estos juicios de Giner de los Ríos y de Muñiz-Huberman. De entrada, conviene precisar que estas evaluaciones remiten a concepciones muy específicas sobre el exilio. Es decir, son lecturas que postulan una comprensión que, sin demérito de las exactas circunstancias históricas y políticas del exilio, entienden dicho exilio principalmente de modo ontológico, como una condición existencial universal en la que "la desgracia es indispensable para la realización del ser". Esta última frase pertenece al ensayo de Jean-Luc Nancy "La existencia exiliada" (1996: 34–39), texto que me parece especialmente apropiado para el tipo de reflexión acerca del exilio que se desprende del poema de Díez-Canedo.

* Este trabajo forma parte del proyecto de investigación *La historia de la literatura española y el exilio republicano de 1939; final* (FFI2017-84768-R), dirigido por Manuel Aznar Soler y José-Ramón López García, financiado por el Ministerio de Economía y Competitividad.

En "La existencia exiliada", Nancy reflexiona sobre las transformaciones que, en una contemporaneidad como la nuestra asolada por toda clase de exilios, pueda tener ese topos de la tradición occidental según el cual la existencia es un exilio. El filósofo francés se posiciona en una línea similar a la descrita por el exiliado español Claudio Guillen en *El sol de los desterrados* (1995), un acercamiento comparatista a la tradición literaria sobre el exilio que traza la polaridad entre las vivencias ovidiana ("literatura de exilio" de carácter confesional y desarraigada) y plutarquiana ("literatura de contra-exilio" que parte de la contemplación de la nueva realidad exiliada para proyectarse en universales positivos). Así, Jean-Luc Nancy señala desde la filosofía la existencia de una paradoja similar: "Por un lado, nuestra tradición nos representa esta salida fuera de lo propio como una desgracia y, aún más, como la desgracia por excelencia, como aquello en lo que pueden resumirse todas las desgracias; por otro, nos representa este exilio como una posibilidad positiva, la más positiva incluso, del ser o la existencia: caída o partida, alejamiento o alienación, la desgracia es indispensable para la realización del ser" (Nancy, 1996: 36). Se instituiría así, prosigue Nancy, una dialéctica del exilio, en la acepción hegeliana más básica, en la que "El exilio es un pasaje por lo negativo o el acto mismo de la negatividad, comprendida ésta como el motor, el recurso a una mediación que garantiza que la expropiación termine reconvirtiéndose en una reapropiación" (Nancy, 1996: 36). En suma, como un eco involuntario de lo expresado por Muñiz-Huberman, frente a la idea del exilio como desapropiación, Nancy afirma que "el asilo es el exilio como propio: el asilo de la hospitalidad" (Nancy, 1996: 38)[1]. Si para Edward Said "el exilio es algo curiosamente cautivador sobre lo que pensar, pero terrible de experimentar. Es la grieta imposible de cicatrizar impuesta entre un ser humano y su lugar natal, entre el yo y su verdadero hogar: nunca se puede superar su esencial tristeza" (2001: 179), en Díez-Canedo se daría finalmente una vivencia de estos términos trágicos en términos ascendentes y positivos. Casi sería la perfecta ejemplificación de lo indicado por Guillén en su estudio cuando considera que las dos respuestas básicas ante el exilio no son una contraposición sino una polaridad que se articula frecuentemente de modo simultáneo, pues el exilio puede "provocar lo mismo un proceso de universalización que una crisis en el eje social de la persona" (Guillén, 1995: 14). De este modo, al

1 En términos similares, Muñiz-Huberman describe este sentido cuando propone, desde la perspectiva filosófica de Zambrano, la "ruina positiva" como una clave interpretativa del poemario de Díez-Canedo (1999–2000: 285). Las ideas sobre el exilio de Zambrano y Nancy han sido frecuentemente asociadas (Bundgård, 2007).

desamparo inicial seguiría una toma de conciencia del supuesto universalismo del exilio como condición existencial humana desde la cual operar una integración plena del ser en el mundo.

A partir de este marco de reflexión general, quisiera plantear un análisis de *El desterrado* de Enrique Díez-Canedo (Ciudad de México, 1940), el libro más logrado de su autor y uno de los poemas (pues lo entiendo como una única y larga composición) más relevantes de la poesía del exilio republicano de 1939. *El desterrado* está compuesto por cinco poemas orgánicamente distribuidos ("Capacidad de olvido", "La palabra", "Línea recta", "Certidumbre" y "El desterrado"); los cuatro primeros fueron publicados en enero de 1938 en el número XIII de *Hora de España* (Díez-Canedo, 1938: 30–37). En este punto, cabe recordar que Díez-Canedo inicia su exilio en México el 13 de octubre de 1938, adonde llegaría para integrarse en La Casa de España en México impulsada por Daniel Cosío Villegas. En este sentido, *El desterrado* responde a circunstancias compositivas que encontramos en otros poetas que en el exilio recuperan o prolongan, en todo o en parte, proyectos iniciados en plena Guerra Civil (León Felipe, Alberti, Cernuda, Varela, Giner de los Ríos. . .). En cualquier caso, al agrupar los poemas de *Hora de España* en esta *plaquette* cuyo título global se toma del quinto y último poema, Díez-Canedo está proponiendo una resignificación de estas cuatro composiciones primeras. Es la misma operación que, en el caso de Cernuda, por ejemplo, se da con unas iniciales *Elegías españolas* que concluyen en el excelente *Las nubes* (1940), libro paradigmático de este tipo de procesos y con el que el poemario de Díez-Canedo guarda más de una similitud.

El desterrado está habitado a la vez por la idea del éxodo bíblico y el histórico (Duroux, 2008; Muñiz Hubermann, 1999; 1999–2000; 2007). No obstante, entre ambos extremos se insertan asimismo otras dimensiones que se ramifican a lo largo de sus cinco secciones. Su obertura, "Capacidad de olvido" (Díez-Canedo, 2001: 409–411), nos sitúa en un plano profundamente metapoético que es, sobre todo, un balance de los territorios explorados por su autor desde que publicase su primer libro, *Versos de las horas* (1906)[2]. *El desterrado* supone una revisión existencial, sin duda, pero resulta inseparable también de una revisión crítica de las bases simbolistas de su anterior concepción poética. Ambas revisiones son resultado de la irrupción de lo histórico que implica la vivencia de la guerra y del exilio. La primera noción deconstruida es la memoria, implícita en ese olvido que recoge el título. La presentación de esta memoria recurre a

2 Para este punto son de interés algunas de las cuestiones a las que alude Pedro Correa (1999–2000: 49–65).

códigos e imágenes bien conocidos a poco que nos asomemos a la tradición del simbolismo español y europeo: el estado asociado a la duermevela propio de Bécquer ("No por lo que de pronto / levanta la cabeza /como el que sale de un sueño largo") (2001: 409); el tratamiento de la domesticidad en la línea de su admirado Francis Jammes ("no por lo que riela / como rayo fugitivo / de luz mañanera / en un vaso de agua / y a la penumbra se proyecta / de una pared dormida aún") (2001: 409); o incluso imágenes oníricas del romanticismo más cercano al surrealismo ("no por lo que despunta como tajante aleta / de tiburón que hiende el haz / de la quietud marina, estofa tersa / rasgada por el corte / de una navaja negra…") (2001: 409). Todo ello concluye en un yo desasosegado, enfrentado a una nada sin signos ni huellas: "mi dolor va perdido / y en la nada bracea / buscando el eco imperceptible, / la inexistente huella / de lo que fue y murió del todo" (2001: 409).

La memoria se convierte en una enemiga, en una interlocutora a la que se quiere violentar para así reconstruir forzadamente el recuerdo que ha "triturado": "la estrella / que convertiste en nebulosa, / la ciudad que volviste selva" (2001: 409–410). Memoria convertida en una asesina y enterradora de "muertos" que no pueden menos que evocar el paisaje desolado de la Guerra Civil. Es una memoria callada y enemiga: "ahíta y avarienta", que solo da "residuos, mondos huesos / para que los vistamos / de carne y de seda, / para que nos gocemos / con una limosna mezquina / como si nos abrieras / tesoros de cuentos de hadas, / mina de inagotable veta" (2001: 410). Una memoria, por tanto, falsa, cubierta de engañosos oropeles, mítica. Díez-Canedo postula de este modo la falsedad de nuestra capacidad de rememoración porque, aunque la memoria presuntamente pueda conservar lo mejor de lo que se fue, este fue resulta una experiencia inaccesible que no puede volver a darse:

> Y es tuyo lo mejor, aquello
> que fue nuestra dicha perfecta
> quizá, y lo fue tanto
> que no supimos que lo era,
> y hoy bastaría
> para llenarnos la existencia
> con aroma inmortal de limpia rosa (2001: 410).

El idealismo simbolista, que señala claramente esa "rosa", queda así cuestionado en su capacidad de religación con el mundo, revelando una incapacidad tanto del lenguaje como del propio mecanismo de la memoria. De ahí que, al cierre del poema, esta personificación de la memoria acabe representada en la imagen de una madre/madrasta, como la que usó Cernuda para identificar el conflicto poeta/sociedad respecto al estado-nación en *Las nubes* (1940): "Pero sólo nos dejas / lo que quieres tú, dura madre / que sus besos al hijo regatea" (Díez-Canedo, 2001: 410–411).

El siguiente poema, "La palabra" (Díez-Canedo, 2001: 412–413), objetiva esta reflexión metapoética al hablarnos de cuál es la voluntad de un sujeto de clara estirpe simbolista: "¡Y yo he venido sólo / para decir esa palabra" (412). El sentido de su vida se había cifrado desde su condición de poeta, pero esta capacidad de nominación se le resiste ahora una y otra vez. Como el Bécquer de *Rimas*, se trata de una palabra de condición sagrada, que retumba y es oída en los sueños, si bien al despertar no acude a los labios despiertos y a la boca seca; una palabra que aletea en torno al yo y lo toca para alejarse luego "inasible". Nos hallamos ante un idealismo de estirpe platónica donde son borradas las huellas supuestamente impresas de un lenguaje no dicho, renovando la metáfora clásica que, al menos desde Cicerón, alude a la memoria como una tabla donde se inscriben los mensajes a recordar:

> pasando por la pizarra
> de mi mente como una esponja
> que lo escrito arrasa,
> me dejó vacilante, mudo,
> y otra vez con el ansia
> de unir letras perdidas,
> de seguir unas curvas borradas (2001: 412–413).

Esta radicalización de la inefabilidad conduce a un cuestionamiento de la identidad al quedar el sujeto desposeído de su supuesta misión: la de ser un poeta que dice el mundo para revelarlo:

> y eres tú tan sola, tan clara,
> mi razón de ser, y mi vida
> tras ti corre, vuela, se arrastra,
> por ti delira, por ti jura,
> te implora, te manda,
> porque yo sólo vine
> para proferirte, y ya tardas
> en cederme, y ya de ti dudo,
> ya no sé si eres otra, si eres falsa,
> si he perdido mi ruta,
> si era yo el llamado a decirte,
> palabra (2001: 413).

Frente a las frustradas ansias de seguir las "curvas borradas", llegamos ahora a la "Línea recta" (2001: 414–415), título del tercer poema, una reflexión existencial que, como en *Espacio* (1941–1954) de Juan Ramón Jiménez (1999) (con el que *El desterrado* comparte también muchos elementos) y *Español del éxodo y el llanto* (1939) de León Felipe, desglosará el concepto de destino. Opuesta a la escritura, parece decirse, está la realidad de esta existencia que se describe, desde una sensibilidad barroca, como una "recta inflexible" pero fascinante en la seguridad y limpidez de su "trazo":

> La curva no, sus puntos huyen
> el uno del otro: lo vivo
> no es más que esta recta inflexible,
> desde el primer vagido
> frente a la luz del mundo abierto,
> hasta el postrer suspiro (2001: 414).

Lejos de dejarse llevar por la melancolía de los sueños no cumplidos y las cobardías y concesiones del pasado, lo más importante aquí es la conciencia implacable y autocrítica de estar ante una construcción falsa, interesada y artificiosa, como "los juguetes de un niño" que cierran el poema y que nos remiten a los "cuentos de hadas" con los que se identificaban las trampas de la memoria en "Capacidad de olvido". Lo decisivo es haber adquirido conciencia de que aquello que pudo ser, es engaño, porque solo es lo que fue y, sin más, se constata en el presente: "¡Lo que pudo ser! ¿Y qué pudo / ser sino esto mismo?" (2001: 415).

"Certidumbre" (2001: 416), el penúltimo poema, hace frente a este progresivo ritual, casi ascético, de desposesión. Desposesión no ya de bienes materiales, sino de los recuerdos y del lenguaje, de su supuesta función en el mundo como poeta. La sucesión de preguntas encadenadas gira alrededor del lenguaje, del hallazgo de esa palabra ansiada, de la identidad, de la anamnesis como fórmula de conocimiento: "¿Eres cuerpo real o apenas sombra? / ¿Proyección de mí mismo? ¿Repentina / percepción de la nada o voz secreta [?]" (416). El cierre del poema emplaza a una cita futura con esta palabra, cita en un tiempo ("¿Qué reloj en el tiempo te señala?") y en un espacio ("¿Qué lugar te concreta en el espacio?") aún indeterminados, pero en los que se confirmará su "certidumbre": "el momento en que una sola / verdad anhelo y meta al cabo formen" (416). La materialización de esta cita será, de hecho, "El desterrado", la última composición.

Como recordaba Esperanza López Parada en su reflexión acerca de los "textos nómadas", la afirmación de Adorno en *Minima Moralia* de que "En el exilio la única casa es la escritura" se ha convertido, cuando menos, en algo cuestionable en nuestro momento actual (López Parada, 2004: 376–389). Díez-Canedo, cuya labor profesional y como crítico hizo de él uno de los mayores conocedores españoles del ámbito hispanoamericano, se había movido en un marco filosófico dominado por el "binomio 'lengua-patria'" fijado por el romanticismo; un binomio que le permitía a su vez entender al poeta como "depositario del espíritu del país [. . .] de su Volk, de su singularidad" (López Parada, 2004: 376). Pero este estatuto varía radicalmente cuando las formas modernas del nomadismo, con el exilio como manera privilegiada, se expanden en la contemporaneidad. Entiendo en este sentido que *El desterrado* propicia una reflexión acerca de los valores del lenguaje que va más allá de la consabida insuficiencia del lenguaje para trasladar la experiencia sensible del mundo que plantean las poéticas simbolistas y postsimbolistas. Sin negar esta dimensión, tal y como se ha observado en poemas como "La palabra", se acaba produciendo un cuestionamiento radical de la posibilidad de la escritura como valor refugio. Este cuestionamiento, de modo implícito y aunque no sea el eje de su reflexión principal, se traslada a la construcción de la identidad que se sustenta en la idea de lo nacional ligada a la lengua. Esta es la idea que la vivencia del exilio problematiza. Un exilio que, no obstante, posibilita también la emergencia de un estatuto comunitario (a la vez histórico y atemporal) que se hará visible al cierre del libro.

Entiendo así *El desterrado* como un texto que subvierte o permite alcanzar la lúcida constatación de las limitaciones inherentes de aquellos elementos con los que habitualmente construimos nuestra identidad: cultura, propiedad, nación, familia. Elementos que se ponen en cuestión cuando el lugar que se habita es el del exilio. No porque se plantee una mistificación de la desapropiación o porque se niegue la dureza de la desposesión afectiva, material, cultural sensitiva y hasta memorial que implica para el sujeto la vivencia histórica, y por tanto política, de la guerra y el exilio, sino porque tras la desapropiación aguarda una forma distinta de conocimiento.

"El desterrado" (Díez-Canedo, 2001: 417–418), el poema que cierra el libro, plantea un desplazamiento material al cuerpo que es relativamente frecuente en las poéticas del exilio. Poéticas donde el cuerpo se convierte en centro del que dimanan las experiencias de un sujeto muy a menudo volcado en la interioridad como refugio[3]. Este movimiento interior no deriva en su caso hacia el

3 En su comentario de 1941 a *La rama viva* (1940) de Francisco Giner de los Ríos, escribe Díez-Canedo: "No defiendo aquí la oscuridad de la poesía, sino que señalo cierta oscuridad que, aun la poesía más clara aparentemente, se pega a lo más corpóreo y accesible como la sombra al cuerpo; como la sombra, sin la cual el cuerpo carecería de relieve y haría ladrar los perros, como el fabuloso Peter Schlehmil cuando entregó su sombra al misterioso personaje" (Díez-Canedo, 2010: 124). También en su evaluación de la poesía de Antonio Machado aparecida en la mexicana *Taller* en

solipsismo (una posibilidad con la que, de hecho, se ha roto en las anteriores secciones), sino hacia una apertura que integra todos los órdenes de la temporalidad (pasado, presente, futuro) desde la condición de un presente marcado por la historia (como remarca el memorable verso "hecho de patria y ausencia") y que desemboca en una dimensión colectiva:

> [. . .] En este sentir tuyo y sólo tuyo,
> nada se pierde:
> lo pasado y lo abolido,
> se halla, vivo y presente,
> se hace materia en tu cuerpo,
> carne en tu carne se vuelve,
> carne de la carne tuya,
> ser del ser que eres,
> uno y todos entre tantos
> que fueron, y son, y vienen,
> hecho de patria y de ausencia,
> tiempo eterno y hora breve,
> de nativa desnudez
> y adquiridos bienes (2001: 417).

A este respecto, me me parecen iluminadoras las palabras finales del artículo "Antonio Machado ha muerto" que Díez-Canedo publicó en *El Nacional* el 25 de febrero de 1939 al saber del fallecimiento del poeta en tierras francesas:

> Machado no dice que cualquier tiempo futuro será mejor, pero pone de manifiesto que la contienda esencial del hombre está en su presente y es para su porvenir [. . .]. Antonio Machado no quiere aconsejar con esto una ruptura del hombre con su pasado; a lo que apunta es a desvanecer la tiranía del pasado, a desvirtuar su amenaza. Y a plantar al hombre en la vida como lo que realmente es: un antagonista o luchador empeñado en no resucitar lo que está bien muerto sino en defender su vida y en preparar mejor existencia a los suyos, quitándoles todo estorbo supersticioso. Su posición no es distinta de la que ha mantenido el pueblo español en la guerra a la que se vio provocado (Díez-Canedo, 2010: 95–96).

Será el cuerpo, precisamente, el que aúne los sentidos finales del poema, cuando se produzca la fusión de la carne del sujeto y la tierra de la nueva geografía mexicana. Así se desprende de unos versos en que la significación histórica

---

1939, que enlazaría con el conceptualismo de *El desterrado*, señala "la transformación de imagen en concepto, que arranca en él de muy antiguo, dando carne y substancia humanas a su poesía, en vez de un añadido ornamental" (Díez-Canedo, 2010: 103).

de la Conquista imperial española se subvierte en una nueva imagen positiva, y que se articula desde esta reflexión acerca del sujeto exiliado y de su identidad:

> Nadie podrá desterrarte
> de estos continentes
> que son carne y tierra tuya:
> don sin trueque,
> conquista sin despojo,
> prenda de vida sin muerte (2001: 418)

En su texto "En memoria de Antonio Zozaya", publicado en 1943, Díez-Canedo desglosa esta comprensión del exilio histórico que ha padecido:

> Esta sagrada tierra de México, sagrada para nosotros los españoles, porque en ella nos ha dado nuevo aliento para continuar nuestra obra, grande o pequeña, va siéndolo cada día más, al paso que los restos de nuestros hombres van cayendo en su seno para dormir su eternidad. Cada hombre de estos que muere nos lega un ejemplo [. . .]. Nos deja su obra, nos deja una lección de pureza y constancia, de nobleza y rectitud que no debemos, que no podremos olvidar, ni aquí, si aquí nuestro destino quiere que se acabe, como la suya, nuestra vida, ni en España, si quiere la suerte que un día la recuperemos, libre de cárceles y tiranías, como él la soñó, como la soñamos nosotros, como habrá de verse, sin duda en días que columbramos, próximos o remotos, pero siempre lejanos para nuestro anhelo impaciente (Díez-Canedo, 2010: 574).

En suma, volviendo a las tesis de Nancy que se mencionaban al inicio, Díez-Canedo, como en otros sentidos realizan algunos poetas exiliados (pienso, por ejemplo, en el espléndido "Peregrino" de *Desolación de la quimera* [1962] de Luis Cernuda), plantea, desde la casi inaugural experiencia histórica del exilio republicano de 1939, un cuestionamiento a la interpretación helénica del exilio fundamentada en el regreso. Interpretación que hace de esta experiencia exiliada una entidad transitoria que queda redimida en un retorno reparador de la nostalgia y melancolía vividas. Una interpretación, por tanto, en la que "El exilio -transitorio- no es tenido en cuenta ni tomado en serio por sí mismo", como explica Nancy (1996: 37).

Contrariamente, la reflexión de Díez-Canedo abre la puerta a pensar el exilio "no como algo que sobreviene a lo propio, ni en relación con lo propio —como un alejamiento con vistas a un regreso o sobre el fondo de un regreso imposible—, sino como la dimensión misma de lo propio" (Nancy, 1996: 37–38). No se trata, que también, de la posibilidad de fundamentar una nueva existencia positiva en el país de acogida, sino de entender el exilio como el asilo de la hospitalidad, como constatación de las posibilidades del yo una vez que el retorno ha mostrado su condición de falsa salida; "fin del exilio y exilio sin fin", como años más tarde expresaría magistralmente Sánchez Vázquez (1997). Porque no hay después en el exilio, solo presente.

La desposesión material conduce a la plenitud ("Todo lo llevas contigo, / tú, que nada tienes") de una temporalidad que, con Baudelaire al fondo, es conciliadora de lo fugaz y lo permanente ("tiempo eterno y hora breve") y que, en un guiño metapoético a su poema "La visita del sol" que abría el poemario de 1907 del mismo título[4], permite fijar la memoria del pasado en una unidad trascendente y superior. Para Rose Duroux, en este punto:

> Avec le poème "El desterrado", qui clôt le recueil de même nom, l'épreuve que la voix poématique s'inflige à ellemême efface l'histoire et la mémoire. Un pas définitif est franchi: la voix assume sa propre mort dans la plénitude de la création ("rien ne se perd: ce qui est passé et aboli est là, vivant"). L'exil n'est qu'un artifice de l'Histoire, alors que le cycle de la mort ("poussière") est naturel: une promesse d'éternel retour ("germe"), tel est le mot de la fin (Duroux, 2008: 55).

De igual modo lo explica Muñiz-Huberman: "Ha descubierto, en carne propia, la historia de todo y de todos. La asume en comunión con la naturaleza y en la aceptación de la muerte como la gran reparadora, la verdadera semilla de la continuidad" (Muñiz-Huberman, 1999–2000: 284). En este sentido, las tradicionales parcas tejedoras del destino quedan anuladas en una metáfora solar que, como la del Jiménez de *Espacio* ("dulce como el sol era este amor"), confirma la visión positiva del exilio explicada por Claudio Guillén a partir de Plutarco:

> De aquellos imperturbables
> amaneceres
> en que la luz de tu estancia
> se adueñaba tenue
> pintando vidrios y cuadros,
> libros y muebles;
> de aquellos días de afanes
> o placeres,
> de vacilación o estudio,
> de tenso querer, de inerte
> voluntad; de cuantos hilos
> tu vida tejen,

---

4 Así lo señala acertadamente Elda Pérez Zorrilla en su tesis doctoral *La poesía y la crítica poética de Enrique Díez-Canedo* (1998: 185), pero sin desarrollar las posibilidades que abre la comparativa de ambos poemas.

no hay una urdimbre quebrada
ni un matiz más débil... (Díez-Canedo, 2001: 417–418)[5].

Por eso se niega al final el destierro y por eso la condición de posibilidad futura se desplaza a la experiencia material de lo terráqueo. De lo histórico y contingente se pasa a lo natural y permanente, donde abolidos el exilio (el destierro) y el yo, se será "tierra, polvo, germen". En cuidada organización estructural y mediante un eco intertextual del célebre soneto gongorino ("En tierra, en humo, en polvo, en sombra, en nada"), este germen hace brotar sus frutos en el resto del poema. Sustituye a aquel "mi dolor va perdido / y en la nada bracea" presente en "Capacidad de olvido", la primera composición (Díez-Canedo, 2001: 409); reemplaza la palabra poética amenazada por el vacío del segundo poema "La palabra" (412–413); contradice la perspectiva barroca de la existencia de "Línea recta", el tercero (2001: 414–415); e inclina definitivamente la balanza de la duda planteada en el cuarto, "Certidumbre", entre la posibilidad de ser "[¿] cuerpo real o apenas sombra?" o "¿Repentina / percepción de la nada o voz secreta?" (2001: 416). Los versos finales concilian así todas las dimensiones y afloran en uno de los símbolos máximos de la poesía del exilio republicano de 1939:

Nadie podrá desterrarte;
tierra fuiste, tierra fértil,
y serás tierra, y más tierra
cuando te entierren.
No desterrado, enterrado
serás tierra, polvo y germen (2001: 418).

BIBLIOGRAFÍA CITADA

BUNDGÅRD, Ana. "Exilio y transcendencia". *Aurora. Papeles del Seminario María Zambrano*, 8 (2007): 83–89.

CERNUDA, Luis. *Las nubes* (1937–1940). En: Luis Cernuda, *La Realidad y el Deseo.* Segunda edición aumentada. Ciudad de México: Séneca, 1940.

---

5 Cfr. "La visita del Sol" de *La visita del Sol* (1907) (Díez-Canedo, 2001: 135–138): "Hoy el Sol ha llamado a mi ventana, / y ha llamado con ímpetu, / como nunca llamó. / [...] / Ha dorado mi mesa de trabajo sencilla / [...] / y ha leído los títulos / de mis libros, y en torno / de mis cuadros un vivo marco de luz ha hecho; / y ha subido a mi lecho / ya ha besado mis ojos de repente / ahuyentando mi sueño, y ha truncado / la gloria de un ensueño comenzado / diluyéndolo en una luz de oro / clamorosa y riente" (*passim*).

CERNUDA, Luis. *Desolación de la Quimera*. Ciudad de México, Joaquín Mortiz, 1962.

CORREA, Pedro. "Enrique Díez-Canedo poeta de encrucijadas: análisis de su testamento literario". *Cauce, Revista de Filología y su Didáctica. Homenaje a Enrique Díez-Canedo Reixa*, 22–23 (1999–2000): 49–65.

DÍEZ-CANEDO, Enrique. "Capacidad de olvido", "La palabra", "Línea recta" y "Certidumbre". *Hora de España*. Barcelona, XIII (1938): 30–37.

DÍEZ-CANEDO, Enrique. *El desterrado. Poemas*. Ciudad de México: Miguel N. Lira Editor, 1940.

DÍEZ-CANEDO, Enrique. *Poesías*. Ed. Andrés Trapiello. Granada: Comares, 2001.

DÍEZ-CANEDO, Enrique. *Desde el exilio. Artículos y reseñas críticas (1939–1944)*. Ed. Marcelino Jiménez León. Sevilla: Renacimiento, 2010.

DUROUX, Rose. "Enrique Díez-Canedo. Un grand critique espagnol". *Etudes comparées sur la France*, 133 (2008): 46–58.

GINER DE LOS RÍOS, Francisco. "La poesía española del destierro en América". *Boletín de la Unión de Intelectuales Españoles*. París, 38–39 (enero-febrero de 1948): 1–5.

GUILLÉN, Claudio. *El sol de los desterrados: literatura y exilio*. Barcelona: Quaderns Crema, 1995. Reproducido en Claudio Guillén. *Múltiples moradas. Ensayo de Literatura Comparada*. Barcelona: Tusquets, 1998: 29–97.

JIMÉNEZ, Juan Ramón. *En el otro costado (1936–1942), Espacio (1941–1954)*. En: Juan Ramón Jiménez, *Lírica de una Atlántida. En el otro costado. Una colina meridiana. Dios deseado y deseante. De ríos que se van (1936–1954)*. Ed. Alfonso Alegre Heitzmann. Barcelona: Galaxia Gutenberg/Círculo de Lectores, 1999.

LEÓN FELIPE. *Español del éxodo y el llanto. Doctrina, Elegías y Canciones*. Ciudad de México: La Casa de España, 1939.

LÓPEZ PARADA, Esperanza. "Los textos nómadas y la migración de las lenguas". En: *Migración y literatura en el mundo hispánico*. Ed. Irene Andrés Suárez. Madrid: Verbum, 2004: 376–389.

MUÑIZ-HUBERMAN, Angelina. "Enrique Díez-Canedo entre la crítica y la poesía". *Cauce, Revista de Filología y su Didáctica. Homenaje a Enrique Díez-Canedo Reixa*, 22–23 (1999–2000): 271–285.

MUÑIZ-HUBERMAN, Angelina. "Enrique Díez-Canedo, El americano de España". En: Angelina Muñiz-Huberman, *El canto del peregrino. Hacia una poética del exilio*. Prólogo de Sílvia Jofresa Marquès. Sant Cugat del Vallés (Barcelona): GEXEL-UAB/UNAM, 1999: 139–154.

MUÑIZ-HUBERMAN, Angelina. "Enrique Díez-Canedo entre la crítica y la poesía". En: Angelina Muñiz-Huberman, *La sombra que cobija*. Ciudad de México: UNAM, 2007: 159–179.

NANCY, Jean-Luc. "La existencia exiliada". Trad. de J. G. López Guix. *Archipiélago. Cuadernos de Crítica de la cultura*, 26–27 (1996): 34–39.

PÉREZ ZORRILLA, Elda. *La poesía y la crítica poética de Enrique Díez-Canedo*. Tesis doctoral. Universidad Complutense de Madrid, 1998.

SAID, Edward W. *Reflexiones sobre el exilio*. Trad. de Ricardo García. Barcelona: Debate, 2001.

SÁNCHEZ VÁZQUEZ, Adolfo. "Fin del exilio y exilio sin fin". En: Adolfo Sánchez Vázquez, *Recuerdos y reflexiones del exilio*. Ed. Manuel Aznar Soler. Sant Cugat del Vallés (Barcelona): GEXEL-Cop d'Idees, 1997: 45–47.

ANTONIO RIVERO MACHINA

LAS LECTURAS CRÍTICAS DE ENRIQUE DÍEZ-CANEDO SOBRE ANTONIO MACHADO: COSMOPOLITISMO E HISPANIDAD.

Introducción y propósito

La obra literaria de Enrique Díez-Canedo ofrece, sin duda, un amplio repertorio de virtudes y razones para ser leída, analizada y reivindicada. No obstante, uno tiene la impresión, tal vez equivocada, de que en los últimos años su labor como traductor, como gestor cultural y como crítico literario –siempre tan lúcido, tan oportuno, tan acertado– es con demasiada frecuencia la primera que se nos viene a la mente cuando escuchamos –o leemos– su nombre. No lo computemos, sin embargo, como demérito de su producción literaria, sino como mérito de su trascendental labor crítica. Porque resulta sorprendente, desde luego, cómo sus reseñas, ensayos y exégesis de la más diversa índole, escritos en la más estricta coetaneidad de textos hoy consagrados por el más restrictivo canon académico, resisten y aun sobrepasan, en ocasiones más de un siglo después, a décadas de trabajos y análisis posteriores, realizados a menudo desde la seguridad del camino ya trazado. Esto no quiere decir ni más ni menos que Díez-Canedo forjó, junto a otros, lecturas críticas que aún hoy vienen siendo asumidas por buena parte de la Academia. Como señala Jiménez León, "conocedor de todo el proceso del fenómeno literario: la creación, la crítica, la edición, la dirección de revistas... Enrique Díez-Canedo sabe que son muchos los factores que coadyuvan a su éxito o su fracaso. Supo analizarlos todos y deslindarlos sin pasión ni acrimonia, y el tiempo, supremo juez, se ha encargado de darle la razón" (2001: 5–6). Centrándonos en la poesía, sentó las bases sobre las que trabajarían estudiosos de la lírica de Valle-Inclán, Salvador Rueda, Unamuno o los Machado y desde las páginas de actualidad literaria de *La Nación* o *El Sol* firmó algunos de los primeros tanteos críticos sobre José Moreno Villa, Gerardo Diego, Juan José Domenchina, Dámaso Alonso o Pedro Salinas. Por no hablar de la recepción de poetas extranjeros como Olavo Bilac, François Coppée, Amado Nervo o Eugénio de Castro, entre tantos (Pérez Zorrilla, 1998: 643–669). Tamaña labor ha recibido al fin, en las últimas décadas, la atención merecida, aunque tal vez haya sido a costa de la visibilidad de sus virtudes como creador.

Entre estos "clásicos contemporáneos" leídos por Díez-Canedo, fue el poeta sevillano Antonio Machado uno de sus objetos de análisis predilectos. Desde su habitual espacio en el diario madrileño *El Sol*, sin ir más lejos, fue desgranando algunos aspectos de la poética machadiana, siempre al hilo de la actualidad y de la recepción de su última poesía publicada. Así ocurrió en artículos como "Antonio Machado: Poesías completas. Páginas escogidas" –publicado el 2 de diciembre de 1917–, "Antonio Machado, poeta japonés" –en la entrega del 20 de junio de 1924– y "Antonio Machado completo" –el 22 de abril de 1928–. Este interés por el desarrollo de la lírica y la estética machadianas, surgido ya desde los primeros compases del siglo, siguió acompañando a Díez-Canedo allende el exilio. Para entonces, qué duda cabe, la recientísima muerte de don Antonio en Colliure como un extenuado refugiado de guerra más había revestido a su obra y su figura de una significación difícil de adivinar en las primeras reseñas de Díez-Canedo, allá por los "felices años veinte". Sirvan de muestra su "Antonio Machado ha muerto" –publicado en el diario mexicano *El Nacional* el 25 de febrero de 1939– y "Antonio Machado, poeta español" –aparecido en la emblemática revista *Taller* en mayo de 1939–.

Al hilo de estos trabajos críticos escritos de manera inconfundible para la prensa periódica, y al cabo del lapso de tiempo que mediaría entre el primer grupo arriba establecido –el de los años de plena efervescencia cultural durante la llamada "Edad de plata"– y el segundo –escritos durante los primeros compases de la diáspora republicana–, podemos proponer un interesante cotejo entre lecturas y, más allá, aventurar alguna reflexión sobre todo ello. En las páginas que siguen confrontaremos, en definitiva, las lecturas que el escritor extremeño realizó sobre el autor de las *Soledades* antes y después de la Guerra Civil. Una lectura crítica coherente –como veremos– pero realizada inevitablemente en dos tiempos: en el tiempo de la agitación literaria de los años veinte –a medio camino entre la amortización del modernismo y la venida del purismo, anticipando las vanguardias– y en el marco terrible y determinante de la Guerra Civil y el posterior destierro. Y hablamos de una lectura en dos tiempos, y no de dos lecturas diferentes porque, efectivamente, Díez-Canedo integra con coherencia su acercamiento siempre riguroso al poeta de *Campos de Castilla*.

En cuanto a la reflexión que de todo ello pudiera extraerse, al cabo de nuestro cotejo nos atreveremos a reflexionar, a partir siempre de estas lecturas sobre quienes fueron dos figuras fundamentales de nuestra literatura contemporánea, Díez-Canedo y Machado, sobre los dos polos de atracción sobre los que parecen trabajar ambas "lecturas": el cosmopolitismo y el hispanismo, una doble fuerza gravitacional sin la que difícilmente pueden entenderse tanto el ecosistema literario del modernismo hispánico como el marco moral y sentimental del exilio literario español de los años cuarenta, los dos cronotopos de nuestro análisis. Esta lectura "en dos tiempos" de Díez-Canedo sobre Machado, creemos, puede testimoniarlo de una manera elocuente.

Díez-Canedo lee en dos tiempos a Antonio Machado

Fijémonos, particularmente, en el sugerente título dado por Enrique Díez-Canedo a su artículo de 1924: "Antonio Machado, poeta japonés". Se trataba, inicialmente, de una reseña a la cercana publicación de *Nuevas canciones*, recién editadas en Madrid bajo el sello de Mundo Latino. Allí quiere observar el crítico extremeño una sutil evolución más allá de la apariencia de continuidad con su poética anterior. "Al intentar en otro tiempo una filiación del poeta, parecíame ver en él un temperamento andaluz corregido por la austeridad castellana; un arte en que el concepto encendido se reviste de la suma sencillez", establece como punto de partida de sus reflexiones (1924, p. 4). Y a partir de ahí, como decimos, Díez-Canedo propone una evolución sutil que engarzaría con aquel "temperamento andaluz" de raigambre andalusí –esto es, de inspiración oriental– para proyectarse ahora –en estas *Nuevas canciones* de 1924– hacia lo extremo-oriental. Leamos:

> En el alma andaluza (...) sentimos a veces (...) la vaporosa imaginación y la sentenciosa exactitud de los árabes. (...) El elemento oriental surge en claro predominio: árabe que, para ser puro, tiene además la corrección castellana. Casi nos atreveríamos a decir: mudéjar.
>
> Y ahora, en las "Nuevas canciones", la faceta oriental, simplificándose, vuelta más tenue, más descargada de materia, nos sugiere, en su apurada estilización, un abolengo extremo-oriental. Entendámonos: ya hay, en las poesías antiguas de Antonio Machado, momentos en que podría apoyarse lo que aquí se insinúa y, por otra parte, en las poesías nuevas persisten los temas y modos que concretan el aspecto cardinal que antes, sin pretender más que una exactitud tangencial, llamábamos mudéjar. Pero ahora abundan más las sugestiones extremo-orientales (Díez-Canedo, 1924: 4).

Sobre esta premisa, desde la que quiere ver una evolución interna dentro de la cohesionada poética machadiana –evolución basada en una dirección bien definida: la simplificación o, si se prefiere, la purificación–, construye así el exégeta pacense su sugerente lema de "Antonio Machado, poeta japonés". A partir de ahí, Díez-Canedo toma como muestra unos versos extraídos del libro reseñado para apuntar hacia las fuentes que llevan a Antonio Machado a explorar, en algunas de sus composiciones, el ámbito del haiku.

Lo interesante, a mi juicio, es que para Díez-Canedo –y creo que acierta en sus valoraciones– la presencia de lo japonés en Antonio Machado –y particularmente en ese Machado maduro de 1924– no se entiende ya como remedo del cosmopolitismo impostado del modernismo finisecular. Se trata en cambio de un verdadero ejercicio de asimilación cultural y estética en el que el componente andaluz del poeta –según Díez-Canedo– supondría la clave de todo el proceso:

> Todos saben la importancia y la moda del "hai-kai" en las más recientes evoluciones de la literatura europea. (. . .) El epigrama (. . .) compuesto de tres versos (. . .) responde al espíritu de concentración de aquella poesía y reduce su horizonte a una sola imagen, en el cual prende el gusto extremo-oriental uno o varios sentidos. (. . .)
>
> Mas no es la sujeción a un esquema silábico lo que caracteriza el hai-kai occidental, ni en la semejanza de ciertos cantares o poesías de Antonio Machado con los cantos del Japón lo es todo ese medro, tan propio, sin embargo, de los cantares andaluces.
>
> Aquí los tres versos capturan una sensación con la perfecta economía radiante de la poesía japonesa (Díez-Canedo, 1924: 4).

La lectura de Enrique Díez-Canedo es, en este punto, sumamente interesante. Por una parte, subraya el componente cosmopolita de la poesía de Antonio Machado, señalando su conocimiento directo de la lírica nipona a través de las diversas antologías traducidas al francés, que ambos tan bien conocen (1924: 4). Por otra parte, sin embargo, hace enraizar este interés por la sencillez y concreción multiplicadora del breve haiku con el componente andaluz –lo árabe– pasado por el tamiz castellano –lo mudéjar– que vendría a definir, en buena medida, la coherente poética machadiana. Ser universal desde lo local, como reza el conocido axioma. Igualmente, resulta interesante cómo el autor de *Epigramas americanos* vincula el influjo del haiku no con el prurito cosmopolita del parnasianismo finisecular, sino, precisamente, con su reverso: con la sencillez de la poesía concisa, que sabe sugerir y multiplicarse gracias a la palabra precisa. Una interpretación que parece aproximar más este influjo japonés a los postulados de la "poesía pura" –si bien en Machado siempre desprovisto de cualquier tratamiento intelectualista– que al virtuosismo verbal de los parnasianos. En este sentido, esta pequeña reseña es capaz de concitar en sus pocas líneas buena parte de las virtudes de Díez-Cando como crítico; esto es, como lector.

Quince años y muchos acontecimientos de enorme trascendencia más tarde, en mayo de 1939, apenas un par de meses después de la descorazonadora muerte de Antonio Machado en la frontera francesa, Díez-Canedo rescata desde México algunos de sus viejos escritos sobre el autor de *Campos de Castilla* y los remoza y completa bajo un título revelador por sus ecos y por su significación: "Antonio

Machado, poeta español". Es este un artículo mucho más extenso que el anterior, que sobrepasa la reseña de ocasión de sus anteriores trabajos y que quiere compendiar las líneas maestras de su lectura personal en torno a la obra poética machadiana, elaborada al cabo de varias décadas. Comienza –no podría ser de otra manera, menos aún estando tan reciente la herida y desde un foro tan comprometido con la causa española como la revista *Taller*– evocando –esto es, denunciando– las ominosas circunstancias de la muerte del poeta. También reivindicando toda su producción literaria reciente, insoslayablemente ligada a la dignidad del bando republicano: sus colaboraciones como Juan de Mairena en *Hora de España* o su ultimísima producción poética, tan apegada al devenir de la guerra. Cumplidos estos prolegómenos, Díez-Canedo no tarda en retomar el hilo de sus reflexiones críticas. Hasta tal punto, y con tal coherencia, que no parece que hubieran transcurrido veinte años desde las primeras reseñas escritas sobre Machado para el diario *El Sol*.

Así sucede, por ejemplo, con su lectura de Juan de Mairena, a partir del cual vuelve a subrayar la raigambre sapiencial de lo oriental-andaluz:

> Tiene Antonio Machado, en su prosa, un don esencialmente poético. Gusta de inhibirse detrás de un personaje imaginario, ese Juan de Mairena, filósofo, a quien dejó encomendada su limpia visión del mundo (…). En la formación espiritual de Machado, más que las lecturas fundamentales y las disciplinas universitarias, aceptadas sólo tardíamente, entra acaso, por herencia paterna, ese fondo de filosofía popular que espeja el folklore andaluz (Díez-Canedo, 2010: 99).

Insiste y prolonga así el crítico pacense su lectura de Antonio Machado como "andaluz castellanizado" (2010: 99), esto es: como "poeta español", entendiendo por "español" una suerte de síntesis histórica, racial y regional. Es este último artículo, que efectivamente retoma con las lógicas y necesarias actualizaciones fragmentos enteros de trabajos anteriores como el mencionado "Antonio Machado, poeta japonés", un ajustado compendio de su lectura personal sobre el poeta de los *Cantares*. Una lectura que, como decimos, mantiene a través de los años su cohesión y su coherencia: "Poeta andaluz y castellano a la vez, Antonio Machado muestra en su arte la sencillez suma para revestir el concepto encendido", sintetiza en sus reflexiones de 1939.

El ámbito de lo sapiencial en lo referente al contenido parece conjugarse así con el poder de la sencillez en lo estético. En este sentido, quienes más han trabajado sobre la poética de Díez-Canedo señalan la enorme importancia dada por el extremeño a dos cualidades que considera elementales en poesía: la sencillez y la sobriedad (Pérez Zorrilla, 1998: 202). Ciertamente, no son pocos los lugares donde Díez-Canedo lo dejó escrito. Así, por ejemplo, en un trabajo de aproximación a la obra de Pérez de Ayala en 1916, donde concluye que "la poesía [necesita] prescindir de lo que sea superfluo, reducirse a lo que ineludiblemente deba ser vehículo de la inspiración del poeta" (Díez-Canedo, 1916: 13–14). Desde estos presupuestos, Díez-Canedo cree observar dos representantes claros, dos ejemplos indiscutibles, en Juan Ramón Jiménez y Antonio Machado, relacionándolos además directamente con el haiku japonés (Pérez Zorrilla, 1998: 204). Confluyen aquí, sin duda, dos focos de interés para Díez-Canedo: la mejor poesía contemporánea nacional con su vivo interés por la poesía extranjera en general y oriental en particular (Rubio Jiménez, 1987). Su posicionamiento ante ambos polos de atracción, no ya como crítico sino especialmente como creador, es la de una manifiesta apuesta por una poesía contenida en lo estético. Un espacio poético, el escogido por Díez-Canedo, que mira a un lado hacia el purismo juanramoniano (Vázquez Medel, 2000) y al otro hacia los cantares machadianos, también los de Manuel. Se ajusta así y toma cuerpo la fórmula del "epigrama" canediano, fórmula que deja atrás los lastres de su primer modernismo -pero no sus hallazgos- y que tiene su máxima expresión, precisamente, en uno de sus libros poéticos más determinantes, *Epigramas americanos* (Madrid, Espasa-Calpe, 1928), luego ampliados, en esa suerte de coherencia ética y estética mantenidas a lo largo del tiempo, en una edición aumentada durante el exilio (México, Gráfica Panamericana, 1945). En estos epigramas, el crítico y el poeta se funden con neta claridad. No en vano, como se ha señalado, en *Epigramas americanos* Díez-Canedo "parece poner en práctica en estos epigramas lo que como crítico le gustaba y defendía: una expresión sintética y sobria propia de la poesía oriental y de la poesía impresionista" (Pérez Zorrilla, 2000).

Del cosmopolitismo al hispanismo, de la modernidad al exilio

Tenemos, por lo tanto, una neta continuidad entre las lecturas críticas de Díez-Canedo a propósito de Antonio Machado de antes -mucho antes- y después de la guerra. No obstante, el marco de recepción en cada momento se presenta, sin lugar a dudas, radicalmente diferente. Y de ello no podía ser más consciente el extremeño. No en vano, nos enfrentamos, en definitiva, ante las dos fuerzas de análisis inherentes a la interpretación literaria, dos fuerzas de cuya influencia el propio Díez-Canedo, como crítico avisado, fue siempre conocedor, algo que queda patente de manera muy clara en el cotejo de las lecturas aquí comentadas. En este caso, operaba, por un lado, la cohesión interna de la poesía machadiana -la diacronía de su obra, digamos–. Por otra, se hacía presente a cada instante el siempre mutable devenir histórico, del que nadie puede sustraerse –la sincronía de cada momento de lectura.

En este último sentido funciona la desgarradora evocación del fallecimiento de don Antonio como un refugiado de guerra exhausto y completamente desheredado por su amada patria. En este mismo sentido trabaja, igualmente, la cita dieguina que Díez-Canedo trae a colación poco después: Antonio Machado "piensa su propia vida, que no es, fuera del tiempo, absolutamente nada" (2010, p. 103). Poeta pues en su tiempo, poeta siempre en la Historia. Por ello, su perfil ofrecía aristas bien distintas en 1939 a las que había presentado en los "felices años veinte". El crítico pacense no podía ser más consciente de ello.

Con el desenlace de la Guerra Civil, Antonio Machado había alcanzado, o sumado, una nueva condición: la de mártir –digámoslo tal cual se concibió– de aquella incivil guerra contra la República, completando así un triunvirato que será a partir de entonces muchas veces repetido junto a Miguel de Unamuno y Federico García Lorca. Una nueva condición que a veces, es cierto, redujo a Antonio Machado –como sucedería con García Lorca, según denunciaron hace más de medio siglo desde Portugal André Crabbé, Eugénio de Andrade y Miguel Torga (De Andrade, 1946: 14)– a esta nueva faceta martirial. Una condición, sin embargo, que en los mejores críticos –y tal fue el caso de Díez-Canedo– no impidió la realización rigurosa de análisis puramente literarios en torno a una obra cuya coherencia viene siendo señalada por sus mejores lectores desde hace décadas, sino que, por el contrario, añadió trascendencia y significación a dichas lecturas.

Con todo, nadie ignora aquí qué suponía reivindicar la figura y la obra poética de Antonio Machado en el presente de mayo de 1939, y menos aún desde México. No en vano, desde el sector del "falangismo ilustrado" Dionisio Ridruejo también se apresuraba por esos días a confeccionar una lectura de la obra machadiana que conviniera a sus propósitos políticos (Ridruejo, 1940; Iravedra, 2001). Desde el exilio, pues, evocar y convocar el legado literario del poeta de *Campos de Castilla* y hacerlo, además, bajo la divisa de "poeta español" tenía una significación inconfundible. Como señala José María López Sánchez:

> Las agresivas campañas de la propaganda franquista por convertirlos no sólo en apátridas, sino en enemigos de España, fue el aldabonazo final que les empujó a reconstruir un discurso de identidad nacional en torno a los valores de una nueva España, aunque fuese en el destierro (2010: 339).

En este sentido, el tránsito que llevaría de aquel "poeta japonés" de 1924 al "poeta español" de 1939 no implicaba ni una relectura ni una cancelación de los análisis estéticos realizados entonces. Aquel paso de "lo japonés" a "lo español" tampoco simbolizaba la superación de las querencias del cosmopolitismo parnasiano, en realidad ya periclitadas en los análisis que Díez-Canedo realiza durante los años veinte, como se ha comprobado más arriba. El hecho de que el autor de *Epigramas americanos* subraye la condición de "poeta español" en don Antonio tiene mucho de contraposición ideológica a la rancia y constreñida "españolidad" formulada desde el franquismo. También de afirmación cultural y fuerza de cohesión entre la diáspora republicana, diseminada ya por todo el continente americano. Más allá, sin embargo, aquel énfasis en la hispanidad del legado poético machadiano conllevaba el ensanchamiento de una dimensión en realidad ya presente en las lecturas de Díez-Canedo de los años veinte: lo "español" en Machado como expresión de una espiritualidad abierta. Abierta a lo oriental y lo occidental, a lo castellano y lo andaluz, a lo propio y a lo ajeno, que pronto se entraña y se asume. Una definición de la "esencia patria" como punto de eclosión de influencias y culturas tan peregrinas –lo judío, lo andalusí, lo latino, lo ibero– como peregrina era la "España peregrina" de la diáspora republicana. En su "Antonio Machado ha muerto", nota a la noticia de la muerte del poeta sevillano publicada en el diario mexicano *El Nacional*, insiste de nuevo en ver al poeta de *Campos de Castilla* como emblema de esta síntesis: "Sin jactancia ni estrépito, tampoco, su poesía junta en puro raudal los mejores cristales de España. En el caso de Antonio Machado nos parece encontrar lo andaluz fundido con cierta severidad castellana" (Díez-Canedo, 2010: 94).

Crítico riguroso, poseedor de un sólido andamiaje teórico, Díez-Canedo decide, de manera muy consciente, no deslindarse del momento histórico y, por qué no decirlo también, político en el que se inscribe su labor como comentarista y autor. Se muestra, sin embargo, poco amigo de la propaganda y es siempre el enfoque estrictamente literario el que prevalece en sus lecturas y en sus propuestas estéticas. Recuérdese, en este sentido, su elegía a Antonio Machado, titulada "La frontera" y publicada en el séptimo número de la *Gaceta del Caribe* en 1944, y cómo el escritor extremeño propone no tanto una denuncia o un planto ante las circunstancias de la muerte del poeta –si bien la presencia de la guerra como trasfondo moral de la composición es incuestionable– sino una suerte de homenaje a la obra y la figura de don Antonio, cuya bonhomía y profundo conocimiento de la naturaleza humana le permite trascender más allá de la lucha secular entre caínes y abeles:

> ¿Es Caín otra vez, que no abandona
> su rencor?... No es la tuya esta frontera.
> Otra mejor te tiende ya los brazos.
> Da un paso más. Y ahora, desatadas
> las dulces ligaduras de la vida,

con sólo, en derredor, de amados rostros
el desvelo y el llanto, y a lo lejos
las mil muecas del odio apaciguadas
en la angustia fraterna de una sola
faz de dolor transida, entra en el seno
de tu madre inmortal, en el seguro
luminoso, en el centro de las almas.

Podemos concluir, en suma, una enorme coherencia en el tratamiento ético y estético que Díez-Canedo realizó sobre su admirado Antonio Machado. Una coherencia que, como puede intuirse, fue una nota común a toda su producción crítica y literaria. En Machado el extremeño quiso ver un emblema de estos principios. Por ello, desde los primeros trabajos críticos en los años veinte a los publicados en la madurez vital y moral de su destierro mexicano, insiste en un Antonio Machado que representa, a un tiempo, su propia visión de lo que él entiende por poesía –la amalgama de una palabra sencilla pero viva con un concepto preciso y siempre desnudo de artificio o confusión– y de lo que él entiende por España –la síntesis de lo oriental y lo europeo, de lo andalusí y lo castellano, de lo universal y lo local–. Antonio Machado, en definitiva, como un doble referente ético y estético.

Esta lectura en dos tiempos, más allá, sirve para comprobar la coherencia interna de un Díez-Canedo tan aparentemente diverso y ecléctico a causa de su posición intermedia entre "movimientos" y "generaciones" literarias. Díez-Canedo fue, es cierto, un poeta entre "encrucijadas", un poeta "inclasificable" (Correa, 2000). No obstante, en la trayectoria canediana no es posible hablar de contradicciones. Demostrada ha quedado aquí, creemos, su fidelidad a un doble compromiso. Un doble compromiso con la literatura y con su tiempo donde la lealtad a este jamás se sobreponía o traicionaba al deber para con la otra. Fidelidad a la democracia y lealtad a la literatura en pie de igualdad, en suma.

BIBLIOGRAFÍA CITADA

CORREA, Pedro. "Enrique Díez-Canedo poeta de encrucijadas: análisis de su testamento literario". *Cauce. Revista de filología y su didáctica*, 22–23, 2000, 49–65.

DE ANDRADE, Eugénio. *García Lorca. Antologia poética*. Coímbra: Coimbra editora, 1946.

DÍEZ-CANEDO, Enrique. "Pérez de Ayala y sus tres senderos". *España*, 54, 1916, 13–14.

DÍEZ-CANEDO, Enrique. "Antonio Machado, poeta japonés". *El Sol*, 20 Jun. 1924. 4.

DÍEZ-CANEDO, Enrique. *Desde el exilio. Artículos y reseñas críticas (1939–1944)*. Ed. Marcelino Jiménez León. Sevilla: Renacimiento, 2010.

IRAVEDRA, Araceli. *El poeta rescatado. Antonio Machado y la poesía del grupo de "Escorial"*. Madrid: Biblioteca Nueva, 2001.

JIMÉNEZ LEÓN, Marcelino. *Enrique Díez-Canedo, crítico literario*. Barcelona: Universitat de Barcelona, 2001. Tesis doctoral.

LÓPEZ SÁNCHEZ, José María. "El exilio de la *Nueva España*. Reflexiones sobre la españolidad republicana en México". *Analogías en el arte, la literatura y el pensamiento del exilio español de 1939*. Coord. Miguel Cabañas Bravo et al. Madrid: CSIC, 2010. 327–340.

PÉREZ ZORRILLA, Elda. *La poesía y la crítica poética de Enrique Díez-Canedo*. Madrid: Universidad Complutense, 1998. Tesis doctoral.

PÉREZ ZORRILLA, Elda. "Los *Epigramas americanos* de Enrique Díez-Canedo". *Cauce. Revista de filología y su didáctica*, 22–23, 2000, 335–370.

RIDRUEJO, Dionisio. "El poeta rescatado". *Escorial*, 1, Nov. 1940, 94–99.

RUBIO JIMÉNEZ, Jesús. "La difusión del "Haiku": Díez-Canedo y la revista *España*". *Cuadernos de Investigación Filológica*, XII-XII, 1987, 83–100.

VÁZQUEZ MEDEL, Manuel Ángel. "Enrique Díez-Canedo y Juan Ramón Jiménez". *Cauce. Revista de Filología y su didáctica*, 22–23, 2000, 383–397.

MANUEL AZNAR SOLER

GEXEL-CEDID-Universitat Autònoma de Barcelona

LA JUNTA DE CULTURA ESPAÑOLA Y LA ACOGIDA DE LOS INTELECTUALES DEL EXILIO REPUBLICANO ESPAÑOL EN LA ARGENTINA DE 1939*

Para Juan Manuel Díaz de Guereñu

En el archivo de Juan Larrea, depositado en la Residencia de Estudiantes de Madrid, se conserva una muy valiosa documentación inédita sobre la Junta de Cultura Española (JCE). Aunque en este trabajo voy a centrarme exclusivamente en algunos de los materiales que se relacionan directamente con la acogida de los intelectuales de nuestro exilio republicano en la Argentina de 1939, recordemos que la JCE se fundó formalmente en París el 13 de marzo de 1939 y que en un principio fueron José Bergamín como presidente y Juan Larrea como secretario quienes asumieron la responsabilidad de dirigirla. Sus objetivos inmediatos eran muy claros: intentar liberar al mayor número posible de intelectuales de los campos de concentración franceses y, a continuación, conseguir el dinero suficiente para embarcarlos hacia los países americanos donde, por razones obvias de lengua, historia y cultura, tenían más posibilidades de poder proseguir sus respectivas trayectorias profesionales.

Sabido es que en 1939 la política de acogida de nuestros intelectuales exiliados por parte de los distintos países americanos no fue la misma que la generosa, noble -y al mismo tiempo, naturalmente también interesada-, del general Lázaro Cárdenas en México. Aunque durante los años de la guerra una parte de la sociedad argentina había mostrado su solidaridad con la España republicana a través de instituciones como la Federación de Organismos de Ayuda a la República Española (FOARE) (Quijada, 1991: 129–178; Bocanegra Barbecho,

* Este trabajo forma parte del proyecto de investigación *La historia de la literatura española y el exilio republicano de 1939; final* (FFI2017-84768-R), dirigido por Manuel Aznar Soler y José-Ramón López García, financiado por el Ministerio de Economía y Competitividad.

2008) y muchos intelectuales argentinos habían firmado manifiestos en defensa de la República española (Binns, 2012: 816–819), la política del gobierno argentino del presidente Roberto Ortiz fue claramente hostil. Por ello instituciones como la Comisión Argentina de Ayuda a los Intelectuales Españoles (CAAIE) desempeñaron un papel fundamental en su acogida (Schwarztein, 2001: 113–114). Aunque se conserva un documento de un folio (JCE 2, carpeta 4) en el que consta la lista mecanografiada de todos sus integrantes, por razones de espacio vamos a recordar únicamente a algunos de los intelectuales argentinos que formaron parte de dicha Comisión.

La Junta Directiva de la CAAIE estaba compuesta por Francisco Romero (presidente), Nerio Rojas (vicepresidente), Emilio Ravignani (secretario), Norberto A. Frontini y María Rosa Oliver (pro-secretarios), Luis Reissig (tesorero) y veinte vocales, entre los cuales mencionemos a Jorge Luis Borges, Juan José Castro, Oliverio Girondo, Pedro Henríquez Ureña y Eduardo Mallea. Además, entre la lista de setenta y tres "adherentes" destaquemos los nombres de Amado Alonso, José Bianco, Norah Borges, Horacio Coppola, Cayetano Córdova Iturburu, Guillermo de Torre, Arturo Frondizi, Mony Hermelo, Anderson Imbert, Norah Lange, Conrado Nalé Roxlo, Carlos Mastronardi, Angélica Mendoza, José María Moner Sans, Arnaldo Orfila Reynal, Julio Rey Pastor, Pablo Rojas Paz y Toño Salazar.

Sin duda el intelectual más activo en esta CAAIE fue el abogado Norberto A. Frontini, "un comunista con notable capacidad para gestar confluencias" (Romero, 2013: 33). Un abogado comunista, como lo era también María Rosa Oliver: "*Sur* tenía su comunista propia: María Rosa Oliver. Norberto Frontini, quizás más orgánico, compartió varias iniciativas con Eduardo Mallea" (Romero, 2013: 35). Vamos a comentar a continuación cuatro cartas inéditas de Frontini: una dirigida a Bergamín, dos a Larrea y la cuarta y última, conjuntamente a Larrea e Ímaz. Por su parte, haremos lo propio con tres cartas de Larrea y una de Ímaz, cuyo destinatario de todas ellas fue el propio Frontini. Finalmente, al protagonismo indiscutible de Frontini en nombre de la CAAIE debe sumarse también el de Natalio Botana, director del periódico *Crítica,* quien, a través de una campaña de prensa en la que solicitaba a sus lectores una ayuda económica para la causa, tuvo un papel muy relevante en la acogida a nuestros intelectuales exiliados (Schwarztein, 2001: 123–138). Así, tanto Larrea como Ímaz, en nombre de la JCE, le escribieron sendas cartas a Botana, que también merecen incluirse entre la documentación inédita de este artículo.

I

La primera carta escrita por Norberto A. Frontini que se conserva está dirigida a José Bergamín y fechada en Buenos Aires el 15 de marzo de 1939. Según testimonia en esta carta, que consta de un folio mecanografiado, Frontini fue el creador de la CAAIE:

> Buenos Aires 15 de marzo de 1939
> Lavalle 1312, 50.A.
>
> Sr. José Bergamín
> 29 Rue de Anjou. París.
> Ilustre escritor y amigo:
>
> Las noticias que hace más de un mes me envió la esposa del pintor [Antonio Rodríguez] Luna, desde su refugio (¡!) de Saint Quentin, y las que posteriormente me remitió éste desde el campo de concentración de Argelès, nos dieron cuenta de la terrible situación en que se encontraban numerosos escritores y artistas españoles.
>
> Inmediatamente, –aparte de la ayuda personal directa–, inicié gestiones entre las gentes de aquí, del Uruguay y de Chile. Ello originó el telegrama que envió desde Santiago el poeta Neruda a [Louis] Aragon y gestiones de la Alianza de Intelectuales ante las autoridades chilenas, bien encaminadas y finalizadas con éxito.
>
> Aquí, inicié gestiones entre los amigos con miras a obtener fondos destinados a la liberación de los intelectuales españoles. Con el propósito de evitar actividades paralelas de entidades diversas, que provocarían desconcierto o desconfianza, convoqué en mi Estudio a un grupo de intelectuales, entre los cuales miembros de la AIAPE [Agrupación de Intelectuales, Artistas, Periodistas y Escritores]. Creamos una Comisión cuya misión es la de unificar todas las gestiones aisladas que tiendan a ayudar a los escritores y artistas españoles, por una parte; y por otra, la de gestionar ante el Gobierno una más humana actitud respecto del ingreso de aquéllos a nuestro país, que deseamos de veras.
>
> Hemos proyectado un plan de iniciativas tendientes a obtener dinero y tenemos el firme propósito de dar a esta Comisión, y al fin que persigue, un carácter permanente. Se me ha designado secretario de la misma, y en este carácter le escribo para informarle como queda hecho y avisarle que el viernes remitiré giro telegráfico a nombre de Aragon, por más o menos 9.000 francos, que es la suma recogida personalmente por mí. Sucesivamente seguiremos enviando los fondos que cosechemos.
>
> Desde Chile se me envió copia del telegrama enviado por usted y Aragon, en el que se daba cuenta de las gestiones realizadas por la Casa de la Cultura de París a favor de la liberación de los intelectuales españoles.
>
> Enhorabuena. Chile facilita el ingreso con cierta amplitud. Esto nos será difícil conseguirlo a nosotros. El primer inconveniente serio, –que servirá a nuestras autoridades como esquirla administrativa para negar permisos de ingreso–, es la falta de pasaportes. Los de origen republicano carecen de valor. Los NANSEN no existen.

No queda, a mi juicio, más que una de estas soluciones: el pasaporte dado por las autoridades francesas, que quieran visar los cónsules del país a donde se quiera ingresar, o el pasaporte que ofrezcan las propias autoridades consulares del país a donde se desee ingresar. He aconsejado a los amigos de Chile, –particularmente al escritor Juan Marín, de Valparaíso, amigo personal del Canciller chileno–, que procure convencerlo de la conveniencia de que sea la propia autoridad chilena en Francia la que dé los pasaportes. Cosa de mayor rapidez. Nuestro gobierno se muestra impermeable. Estamos procurando la ayuda de funcionarios afectos a resolver favorablemente el problema que se nos plantea, pero intentaremos la gestión, públicamente, procurando crear un ambiente homogéneo y coactivo. Por lo pronto enviaremos, por intermedio del padre, al ministro argentino en Francia, Dr. Carcano, una lista de escritores y artistas españoles, para que si lo desearen éstos, encuentren alguna facilidad. De más está decir que el éxito de todo esto dependerá siempre de la compostura que decida adoptar nuestro gobierno.

Para estos fines les rogamos nos envíen una nómina de amigos españoles, –digo: de intelectuales y artistas–, que quieran venir aquí. He escrito a [Antonio] Sánchez Barbudo, de quien soy amigo.

Ha sido para nosotros una gran alegría saberlo en compañía de otros amigos en casa del escritor [Jean-] Ricard Bloch.

Le rogamos tenernos al corriente de cuanto estimen de conveniencia para n[uestra] gestión. Tenga un afectuoso saludo y la seguridad de que trabajaremos intensamente.

[Firma]

[Nota manuscrita de Norberto A. Frontini]

Nota: ¡Escribo a la disparada o se me escapa el correo! (JCE 6, carpeta 10).

Frontini, sensible a "la terrible situación" de los intelectuales de nuestro exilio republicano en los campos de concentración franceses, reacciona con generosa solidaridad y se apresura a contactar con, por ejemplo, Pablo Neruda, quien a su vez remite un telegrama a Louis Aragon, presidente de la Asociación Internacional de Escritores para la Defensa de la Cultura con sede en París. Además, convoca en su propio "Estudio a un grupo de intelectuales, entre los cuales miembros de la AIAPE" (Bisso y Celentano 2006: 235–266) y de este modo se crea la CAAIE, de la que es nombrado secretario. Sin embargo, a pesar de sus valiosas iniciativas, es consciente de la actitud hostil del gobierno argentino, contrario a la acogida de nuestros intelectuales exiliados, una actitud muy diferente a la del gobierno chileno de Pedro Aguirre Cerda: "Chile facilita el ingreso con cierta amplitud. Esto nos será difícil conseguirlo a nosotros. (. . .) Nuestro gobierno se muestra impermeable". Por tanto, "el éxito de todo esto dependerá siempre de la compostura que decida adoptar nuestro gobierno".

Frontini alude también en su carta a su "ayuda personal directa" de nueve mil francos remitidos a Louis Aragón a París y, en este sentido, las menciones a su "amigo" Antonio Sánchez Barbudo y a Jean-Richard Bloch son interesantes porque vamos a comprobar la veracidad de sus palabras. En efecto, Frontini sabe que la mayoría de redactores de la revista *Hora de España* (Ramón Gaya, Juan Gil-Albert, Antonio Sánchez Barbudo, Arturo Serrano Plaja) han conseguido salir del campo de concentración de Saint-Cyprien y, gracias a la solidaridad de Bloch, quien les ha cedido La Mérigotte, su casa de campo en Poitiers, están viviendo en ella durante aquella primavera de 1939 a la espera de lograr embarcar a América, todos a México con la excepción de Rafael Dieste, que, como buen gallego, se exilió en la Argentina.

El 16 de marzo de 1939 Juan Gil-Albert escribe en castellano desde La Mérigotte una carta de agradecimiento a Jean-Richard Bloch por su generosa solidaridad, pero nos interesa ante todo un fragmento de la postdata que Ángela Selke, la mujer de Sánchez Barbudo, añade en francés:

> Adjunto a esta carta un cheque que un amigo argentino de Antonio, Norberto A. Frontini, le ha hecho llegar a su nombre. ¿Quiere Vd. cobrarlo por él y enviar el dinero aquí, pero a nombre de Claude, porque se niegan en Poitiers a reconocer un pasaporte español como carnet de identidad? Perdone estas continuas molestias y muchas gracias" (Aznar Soler, 2018: 987).

II

No fue Bergamín sino Larrea quien, como secretario de la JCE, le respondió a Frontini quince días después a través de una carta mecanografiada que consta de un folio, fechada en París el 1 de abril de 1939:

> París 1 de abril de 1939
>
> Sr. Don Norberto A. Frontini, Buenos Aires.
> Mi distinguido amigo:
>
> Agradezco muy vivamente su carta del 15 de Marzo con los pormenores de sus trabajos a favor de los intelectuales españoles expatriados. Nos interesaría sobre manera que sus gestiones encaminadas a conseguir la entrada de algunos de nosotros en la Argentina tuvieran completo éxito. El deseo de la Junta de Cultura Española, recién constituida y de la que soy Presidente, sería que se distribuyeran por las diferentes repúblicas hispanoamericanas el mayor número posible de intelectuales y artistas españoles. De otro modo el peso íntegro de la emigración recaerá inevitablemente sobre México con todas sus peligrosas consecuencias. La Junta de Cultura agrupa nombres tan eminentes como el de Picasso; el del Director de la Biblioteca Nacional, Tomás Navarro Tomás; el del Decano de la Universidad de Madrid, Dr. Manuel Márquez; el del Director del Observatorio de Madrid, Pedro Carrasco; el del Decano de la Facultad de Medicina de Barcelona; Augusto Pi y Suñer; el de la Facultad de Letras, Joaquín Xirau, etc.

Nos parece incomprensible que la Argentina pueda oponerse a la entrada de algunos de nuestros intelectuales y artistas, olvidando por completo la tradición liberal de Hispanoamérica y sin consideración alguna de orden moral. Claro que estamos ya acostumbrados a ver cómo los mayores absurdos se realizan. De todos modos enc[a]rezco a Ud. la necesidad de considerar el problema de los intelectuales españoles emigrados colocándose en este punto de vista. A nuestro entender la emigración a América es la única medida eficaz para resolver este problema de modo decisivo y permanente, colocando a todos estos intelectuales en posición de ganarse la vida en vez de verse reducidos a vivir de la caridad de sus semejantes. De aquí que, independientemente del Comité francés de ayuda a los intelectuales españoles del que, como Ud. sabe, formo también parte y cuyo objeto es resolver la situación de los intelectuales mientras permanezcan en Francia, hemos instituido esta Junta de la Cultura Española, que empieza a trabajar aquí con la esperanza de que pronto se establecerá en América. Cuenta esta Junta con el apoyo de nuestras instituciones oficiales. Ello facilitará sus trabajos. De todos modos juzgamos imprescindible la ayuda económica de los Comités hispanoamericanos. Proponemos, por tanto, a su consideración la conveniencia de estudiar este problema a fin de resolverlo favorablemente facilitándonos los medios necesarios para trasladar a nuestros intelectuales y para dotarlos, una vez desembarcados en ese continente, de los instrumentos de trabajo necesarios y a menudo costosos. Cuanto se haga en este sentido será siempre poco, sobre todo si se tiene en cuenta que sobre ellos ha de recaer el peso de la lucha contra la propaganda cultural nazi realizada a través de los agentes de Franco. El fin inmediato de la mayor parte de los comités de ayuda ha desaparecido. ¿No valdría la pena sustituirlo por este otro de auxilio a la emigración de intelectuales y artistas?

Aguardamos con impaciencia sus noticias mientras formamos la lista de personas que nos indica. Le recomendamos la mayor urgencia. Pende sobre muchos de los evacuados la amenaza de ser enviados a la zona de Franco. Cuanto antes salgan de aquí mejor. Vean Uds. si es conveniente iniciar ahí una campaña de prensa en éste o en otro parecido sentido.

No hemos vuelto a tener noticias de Neruda después de los telegramas que Ud. conoce. Sabemos que está enfermo y tememos que cuando venga por aquí sea demasiado tarde pues que, como le digo, el problema no admite espera. Hay el proyecto de embarcar a un gran número de personas hacia México, proyecto muy interesante sin duda, mas no exclusivo.

Reciba Ud. un afectuoso saludo
Por José Bergamín
El Secretario

Juan Larrea

55, Avenue George V, París VIII (JCE 6, carpeta 10).

Instalados todavía en la Embajada de España en París, Larrea habla de América como el destino futuro, tanto de la propia JCE, “que empieza a trabajar aquí con la esperanza de que pronto se establecerá en América”, como de la mayoría de los intelectuales exiliados: "A nuestro entender la emigración a América es la única medida eficaz para resolver este problema de modo decisivo y permanente". Por ello se indigna ante la política insolidaria del gobierno argentino, "olvidando por completo la tradición liberal de Hispanoamérica y sin consideración alguna de orden moral". Aunque la JCE cuenta "con el apoyo de nuestras instituciones oficiales", es decir, del presidente Juan Negrín –por ejemplo, Bergamín le escribe una carta en este sentido, fechada en París el 15 de abril de 1939 (Plaza, 2011: 836–837)-, su presupuesto económico es insuficiente para solucionar un problema que "no admite espera", y por ello afirma que resulta "imprescindible la ayuda económica de los Comités hispanoamericanos", tarea a la que se va a entregar Frontini con solidaria pasión.

III

La respuesta de Frontini a Larrea no se hizo esperar y el 12 de abril de 1939 le envió desde Buenos Aires una carta mecanografiada que consta de dos folios y que dice así:

Comisión central de ayuda a los intelectuales españoles

BUENOS AIRES
12 de abril de 1939

1312 – Lavalle – 1312 U. T. 38 -7512

Sr. Juan Larrea
55 Av. George V. París VIII.

Mi distinguido y estimado amigo:

Le recuerdo a usted: me fue presentado en casa de Benjamín Palencia, una mañana en que –de regreso del Perú– usted estaba organizando una muestra de cacharros indígenas; Palencia les hacía el afiche. Nuestra conversación fue fugacísima. Pero baste, ahora, para que nuestras conversaciones epistolares, tengan un carácter más cordial.

Entro a considerar los términos de su carta. Existe entre los propósitos de la Junta de Cultura Española y nuestros fines de existencia, una perfecta identidad.

El gobierno de nuestro país no responde esta vez a nuestra tradición liberal. Si había una cosa que se mantenía sin solución de continuidad entre los sucesivos gobiernos argentinos es precisamente el mantenimiento de una línea de conducta a tono con nuestras viejas tradiciones internacionales. Ahora esto está envenenado.

Nuestras gestiones persiguen dos fines: dinero para pasajes y permisos de ingreso. Esto último es durísimo de pelar.

Por el lado del Ministro de Relaciones Exteriores [José María Cantilo], no hay nada que hacer. Mis conversaciones tropezaron con una impermeabilidad de cemento. ¿Razones? Quisicosas burocráticas o de jurisdicción.

La solución depende del Presidente [Roberto Ortiz]. Sabemos, –indirectamente–, que el Presidente no desea una inmigración de intelectuales. Con Neruda convinimos ayer, –con cierto oculto humorismo y un poco de ingenuidad–, que es urgente llamar a todos los intelectuales, técnicos. Técnico de pintura, de literatura, de letras, etc. Usted debe pensar que es esto un disparate. Y también lo pensamos nosotros. Pero puede que pase. Borricos hay en todas las es[f]eras administrativas.

Desde ayer estoy gestionando una audiencia con el Ministro de Instrucción Pública [Jorge Eduardo Coll]. Es hombre liberal, comprensivo, pero sin caudal político alguno. Como sus reformas son, a estas horas, festejadas por la opinión, comienza a tener algún peso en el gobierno. Si logramos hacerle comprender que la introducción a nuestro país de un plantel de universitarios y escritores levantaría el tono espiritual de nuestro país y daría a Buenos Aires una hegemonía cultural dentro del continente y en el mundo, acaso llegáramos a conseguir que tratase de interesar al Presidente. Pero el Presidente tiene escaso sostén político y el que tiene está en la derecha. Recién ahora con la campaña que ha ordenado contra el nazismo, comienza a tener cierto apoyo popular. Pero esto no basta porque no tiene el de los partidos populares.

Usted sabe que nuestro gobierno es producto de un estupendo fraude electoral. Ésta es la razón de nuestro divorcio con él. Bien: estamos, como ve, en esto. Oportunamente tendrá usted noticias de su resultado. Hacemos una discreta propaganda periodística. Su carta, –quitados algunos párrafos–, se publica hoy en *Crítica*. Por separado le envío varios recortes de diario con publicaciones relacionadas con nuestra campaña.

Si las gestiones oficiales nos fracasan, entonces haremos escándalo. Pero nuestra ayuda pecuniaria la destinaremos siempre a costear los pasajes y los intelectuales irían a Chile. Siempre subsistiría el problema de la ayuda posterior. Chile no tiene un cobre. Aquí se están tratando de concertar las diversas fuentes de ayuda. Y el viernes tenemos una reunión con Neruda. Nuestra comisión, –de la que soy secretario–, le ha conseguido una ayuda pecuniaria poderosa. Pero no podrá destinarla, –lo que nos parece un disparate–, sino al pago de gastos de traslado desde los campos de concentración a los puertos de embarque. Esta condición, acaso con el tiempo y las gestiones que esperamos hacer, se modifique. La dotación, como usted propone, de los intelectuales españoles una vez llegados aquí o a Chile, va a ser cosa difícil. De todos modos será necesario encarar este angustioso problema. La ayuda norteamericana sería importantísima si se destinase a costear una Casa de la Cultura española en Chile, donde la vida es baratísima.

Última hora:

Envíeme una lista de: arquitectos urbanistas, especialistas en niños para colonias de vacaciones e higiene social y de toda persona que pueda actuar como consejero municipal (es decir: consejero o consultor del Consejo Deliberante de la Municipalidad de B[uenos] Aires), en las múltiples actividades propias de una entidad encargada de elaborar las Ordenanzas que rigen la ciudad. Indicar antecedentes. El Con[sejo] Delib[erante] les contrataría por una temporada, con buenos sueldos. Y después se arreglarían como mejor pudiesen, pero habrían salvado los inconvenientes primeros. Esto no podría ser sino para la segunda quincena de mayo.

Sr. Juan Larrea:

En Chile se puede vivir, -bien que estrechamente-, con 30 dólares mensuales. Y si se organiza una Casa de la Cultura, -donde se pueda vivir en común, provisionalmente-, el coste puede ser menor en punto a alimentación, vivienda y otros pormenores. Le digo esto, pues conviene ver las cosas por este lado. Con dinero argentino o uruguayo o americano, en Chile -país de clima delicioso-, la vida es baratísima. La dotación de instrumentos de trabajo será cosa difícil si no proviene de las distintas comisiones de ayuda. La ayuda oficial será poco menos que nula. Hasta la ayuda popular a los intelectuales es cosa difícil. Nosotros hemos enviado 10.000 volantes con nuestro manifiesto y apenas si recibimos una que otra contribución espontánea. No hay sensibilidad para comprender la misión de los artistas e intelectuales dentro de la sociedad. Esto es desesperante. Si tuviéramos la ayuda oficial -siquiera si ésta consintiese en dejar hacer-, en permitir la organización de una colecta popular, conseguiríamos dinero en abundancia. Pero esto es puro sueño. Hemos mandado hacer 500.000 estampillas de 20 ctvs. Creo que este sistemita nos dará algunos pesos.

Me dice usted: ¿No valdría la pena sustituir los comités de ayuda por este otro auxilio a la emigración? Le digo antes de qué modo y en qué medida hemos conseguido una fuerte contribución pecuniaria, -que hasta ahora ha alcanzado a 40.000 pesos mensuales-, a favor de las gestiones que hará Neruda. No hay manera de hacer comprender a los mandantes de la entidad que los ha ofrecido tan condicionalmente, que el problema hay que encararlo con respecto a las posibilidades que cada refugiado tiene frente a la muerte. Todo lo que tienda a preferir éste o aqué l es desigualdad, privilegio. Es una lata dolorosa. Nosotros pensamos como usted. Y esperamos que apenas llegue Neruda a París y se ponga en comunicación con los representantes de la entidad de que le hablo las cosas cambiarán, sobre todo mediante las gestiones que seguiremos haciendo aquí ante la entidad de marras, cuyo secretario es hombre de finísima comprensión y piensa como nosotros, pero no puede tirar demasiado de la cuerda dialéctica.

Sobre la urgencia de que nos habla estamos también enteramente de acuerdo. Hace más de quince días, cuando Neruda apenas había llegado, al tiempo de recibir las angustios[a]s llamad[a]s de los amigos españoles, le dijimos esto mismo que usted me dice: que llegaría demasiado tarde. Se lo dijeron muchos. Le llegamos a pedir que se fuera en avión. Ayer, el párrafo de su carta, le impresionó. En un aparte me dijo le manifestará su opinión: él cree que las cosas se demorarán todavía algún tiempo y que su misión la cumplirá con oportunidad. Ahora no se puede hacer otra cosa que esperarlo. Llegará en el Campana, que sale el 15 de aquí, con destino a Marsella. Le verán ustedes en seguida en la Embajada. Está facultado para dar pasaportes. Pero los intelectuales tendrán que pasar por 'técnicos'. Chile tampoco los prefiere. Ha dicho su Ministro de Relaciones [Exteriores y Comercio, Abraham Ortega Aguayo]: "¡Pero para qué, si aquí van a pasar hambre como los nuestros!". La Argentina, -digo yo-, está en condiciones de absorber fácilmente una buena cantidad de intelectuales. El mercado es fértil. Ofrece oportunidades. Y habría muchas cosas que hacer.

> Por lo pronto, -y tome nota-, se ha creado una universidad que no tiene profesores de algunas disciplinas, -por ejemplo-, de lenguas clásicas. Mañana estaré en condiciones de saberlo bien. Escriba indicándome profesores universitarios y títulos que posean. Y no olvide de la lista que le pedí oportunamente. Aunque desespero de conseguir algo aquí. Esto es para rabiar.
>
> Yo creo que por ahora será conveniente enviar españoles a donde se pueda. Luego, manteniendo una organización continental, se irían desplazando.
>
> Tenga usted un afectuoso saludo y otro para Bergamín.
>
> [Firma] (JCE 6, carpeta 10).

Frontini, quien estuvo en Madrid durante la guerra de España y conoció a Larrea en casa del pintor Benjamín Palencia, afirma la "perfecta identidad" entre "los propósitos" de la CAAIE argentina y los de la JCE, y reitera de nuevo su convicción de que "el gobierno de nuestro país no responde esta vez a nuestra tradición liberal". Por ello, si los dos fines de la CAAIE son conseguir "dinero para pasajes" en los barcos hacia América y tramitar los "permisos de ingreso" en la Argentina de estos exiliados republicanos españoles, se apresura a añadir que "esto último es durísimo de pelar", ya que José María Cantilo, el Ministro de Relaciones Exteriores (Ortuño, 2018: 76–81), mantiene "una impermeabilidad de cemento" y, por tanto, "la solución depende del Presidente". Un presidente que "no desea una inmigración de intelectuales", hasta el punto de que Frontini, de acuerdo con Neruda, le propone a Larrea que "es urgente llamar a todos los intelectuales, técnicos. Técnico de pintura, de literatura, de letras, etc.". Así, a diferencia del general Lázaro Cárdenas en México, el presidente argentino Roberto Ortiz mantiene una política contraria a su acogida, por lo que, afirma Frontini, "si logramos hacerle comprender que la introducción a nuestro país de un plantel de universitarios y escritores levantaría el tono espiritual de nuestro país y daría a Buenos Aires una hegemonía cultural dentro del continente y en el mundo, acaso, llegáramos a conseguir que tratase de interesar al Presidente": "No hay sensibilidad para comprender la misión de los artistas e intelectuales dentro de la sociedad. Esto es desesperante" (Wechsler, 2011; Romero, 2014). Mientras tanto, Chile, a través de Neruda y la Alianza de Intelectuales, parece un país propicio a facilitar dicha acogida, aunque "Chile no tiene un cobre". En cualquier caso, allí "la vida es baratísima" y, por tanto, todo el dinero recaudado por la CAAIE argentina, "40.000 pesos mensuales" hasta entonces, se destinaría "a costear los pasajes y los intelectuales irían a Chile", en donde debería crearse una Casa de la Cultura en la que esos intelectuales puedan "vivir en común".

Hay un hecho especialmente relevante en esta carta de Frontini y es su deseo de que se le permita a la CAAIE "la organización de una colecta popular", hecho que se concretará poco después con la ayuda de Natalio Botana, director del periódico bonaerense *Crítica*. Sin embargo, al margen de "este angustioso problema" económico, hay que conseguir antes que nada los pasaportes que les permitan a los intelectuales republicanos españoles viajar a América. En este sentido, las gestiones de Neruda, que viajará en el Campana el 15 de abril rumbo a Marsella, posibilitarán su trámite, ya que "está facultado para dar pasaportes. Pero los intelectuales tendrán que pasar por "técnicos". Chile tampoco los prefiere". En definitiva, Frontini le reitera a Larrea que le envíe una lista de intelectuales españoles republicanos que quieran exiliarse en la Argentina, "aunque desespero de conseguir algo aquí. Esto es para rabiar", lista que reproduzco en el apéndice 1 de este trabajo.

IV

Diez días después, Larrea escribe una nueva carta a Frontini, un folio mecanografiado fechado en París el 22 de abril de 1939, que reproduzco también en su integridad:

París 22 Abril 39

Sr. Don Norberto A. Frontini.
Buenos Aires.

Mi distinguido amigo:

Muchas gracias por haberme proporcionado la agradable sorpresa de recordar nuestro encuentro en casa de Benjamín Palencia. Tengo esta simpática casualidad por feliz augurio de nuestros trabajos. Un saludo particularmente cordial.

Poco atrayente es la pintura que me hace del paisaje político de la Argentina. No desespero sin embargo que los acontecimientos vengan a modificar la situación más pronto quizá de lo que pudiera esperarse normalmente. Los instintos de conservación de la reacción hispanoamericana temían nuestra victoria y contra ella estaban preparados. No me extrañaría que nuestra derrota les fuera en cierto modo fatal. Por nuestra parte estamos dispuestos a favorecer esta hipótesis con el sumun de nuestros esfuerzos. Ojalá que los suyos consigan para empezar una mejor disposición de los poderes públicos a favor de los intelectuales. El tiempo urge. México ha comprendido que el trasplante de la intelectualidad española puede levantar el nivel de su cultura y ser un excelente medio de perfección nacional, así como que el problema no admite dilación de ningún género. Dentro de poco saldrá para allí el primer convoy de republicanos con su parte alícuota de intelectuales. Mucho me temo que cuando Neruda llegue no encuentre ya a varios de sus mejores amigos. Gran parte de nuestra Junta de Cultura se dispone a trasponer el Atlántico. Aquí me quedaré yo encarado con las muchas tareas que las circunstancias nos imponen. Como a esta primera remesa o expedición han de seguir otras a ritmo acelerado, pronto el núcleo más importante de la intelectualidad española se encontrará en México. Cierto es que desde allí podrá seguir haciéndose una distribución racional por todo ese continente.

He tenido que interrumpir mi carta. Tenemos trabajos tan urgentes que no queda a veces tiempo ni para escribir. Me veo obligado a dejar para el próximo correo cuanto pensaba expresar a Ud. en ésta. Entonces le enviaré la prometida lista de nombres, cosa no tan fácil de lograr, porque nos encontramos siempre con que es difícil estar seguro de que las personas sostienen su compromiso.

Para su propuesta de arquitectos urbanistas capaces de ocuparse en las actividades municipales tengo un nombre excepcionalmente a propósito: Luis Lacasa, cuya nota le envío. Le agradecería a Ud., siempre que sea posible, una contestación rápida sobre su aceptación, porque se encuentra dispuesto a trasladarse a México. Si fuera posible una contestación cablegráfica a nuestro cargo se lo agradecería muchísimo.

Para profesor sobre lenguas clásicas tengo también una persona distinguidísima: Don Pedro Urbano González de la Calle, catedrático de la Universidad de Madrid. La premura del tiempo me impide darle detalles de su persona. Don Amado Alonso se los podrá proporcionar ahí. También convendría y por la misma razón una respuesta rapidísima.

Perdone que interrumpa mi carta para llegar al correo. En el próximo espero poder ser más explícito.

Bergamín le envía un saludo cordial, al que uno el mío efusivo.

55, Av. George V, París VIII (JCE 6, carpeta 10).

En esta carta Larrea manifiesta con claridad su decepción por la política del gobierno argentino: "Poco atrayente es la pintura que me hace del paisaje político de la Argentina". Por ello, insta a la CAAIE a trabajar contra la política gubernamental: "Ojalá que los suyos consigan para empezar una mejor disposición de los poderes públicos a favor de los intelectuales. El tiempo urge". Esta urgencia es completamente real y el México del general Lázaro Cárdenas la ha entendido perfectamente. Así, "gran parte de nuestra Junta de Cultura se dispone a trasponer el Atlántico" en el Veendam, "el primer convoy de republicanos con su parte alícuota de intelectuales" a México ya antes mencionado, mientras que Larrea va a permanecer por el momento en París para tratar de solucionar "las muchas tareas que las circunstancias nos imponen". A la lista anterior añade finalmente ahora dos nombres más: el del arquitecto Luis Lacasa y el de Pedro Urbano González de la Calle, de quienes Amado Alonso, "adherente" de la CAAIE, puede darle razón en Buenos Aires.

V

En el número 5 del *Boletín de la emigración* correspondiente al 14 de septiembre de 1939, editado por la JCE en México, se publica el siguiente texto:

Los Españoles en Argentina

En Buenos Aires la Comisión Argentina de ayuda a los intelectuales españoles continúa infatigablemente sus trabajos. Como consecuencia del cablegrama enviado al Presidente del Congreso por la Junta de Cultura Española en París, el diario de gran circulación 'CRÍTICA' ha emprendido una vigorosa campaña a favor de nuestros compañeros, publicando artículos, retratos y relaciones de nuestros profesionales más destacados. Su Director, don Natalio Botana ha iniciado generosamente una suscripción que pasa ya de 30,000 pesos. Algún profesor español ha recibido ofertas concretas para trabajar en la Argentina. En la Cámara de Diputados hay depositados varios proyectos en favor de los intelectuales españoles.

Uno de los miembros de la citada Comisión, el señor Enrique Bauchs, Presidente a su vez de la Sociedad Argentina de Escritores, ha dirigido en nombre de estos una nota al Presidente de la República, pidiéndole que permita la entrada en el país a los intelectuales españoles que quieran residir en él.

Sabemos por otra parte, que un selectísimo grupo de personalidades francesas, en nombre de la cultura de que son viva representación han confiado al Embajador de la Argentina en París, un respetuoso mensaje dirigido al Presidente Ortiz, pidiéndole que sea concedido a los profesionales españoles la posibilidad de continuar sus investigaciones y actividades culturales en territorio argentino. Firman el mensaje los premios Nobel: Jean Perrin y Fréderic Joliot; los profesores del Colegio de Francia: Henri Focillon y Lucien Febvre; y los ilustres escritores y pensadores François Mauriac, de la Academia Francesa; André Gide y Jacques Maritain, de la Universidad Católica de París.

En esta nota se alude al cablegrama colectivo sin fecha que la JCE envió desde París a Juan G. Kaiser, del Partido Demócrata Nacional y entonces presidente del Congreso de los Diputados en Buenos Aires, cuyo texto dice así:

Cablegramme Via Western UnionThe Western Union Telegraph Company, 2, rue des italiens, Paris IX°

"NLT" Presidente Congreso Diputados Buenos-Aires

Junta cultura española en nombre tres mil profesores, ingenieros, arquitectos, escritores, artistas, médicos, maestros, sin hogar, patria, trabajo consecuencia guerra España apela sentimientos humanitarios, afanes culturales, tradición hospitalaria generosa nación Argentina rogando encarecidamente Congreso estudie manera auxiliar quienes siéntense ligados noble país argentino lazos lengua tradición, cultura comunes [Stop]

Doctores Márquez, Carrasco, Xirau, exdecanos medicina, ciencias, filosofía; profesores Pi-Suñer, Sacristán, Aguilar, excatedráticos Barcelona, Madrid, Sevilla; Navarro-Tomás, exdirector Biblioteca Nacional; general Herrera, ingeniero; Halffter, Bergamín, Picasso, artistas. (JCE 6, carpeta 10).

Aunque sin fecha, es seguro que este cablegrama se envió desde París y, por lo tanto, es anterior al viaje en el vapor Veendam de buena parte de la JCE a México (Plaza, 2011: 830–844], travesía que tuvo lugar el 6 de mayo de 1939 (Plaza, 2011: 841). Por ello lo firma Picasso pero también, por ejemplo, Bergamín y Halffter, residentes aún entonces en la capital francesa. A este cablegrama sin fecha, probablemente de abril de 1939, sucede cronológicamente la publicación en la página 103 del número 56 (mayo de 1939) de *Sur*, "*revista mensual publicada bajo la dirección de Victoria Ocampo*", de un texto en la sección "Calendario" del que transcribo únicamente su fragmento inicial, probablemente escrito por Frontini:

> COMISIÓN ARGENTINA DE AYUDA A LOS INTELECTUALES ESPAÑOLES.- "Un gran número de artistas, escritores, hombres de ciencia, profesores y universitarios se halla actualmente en los campos de concentración de refugiados, en los Pirineos, en situación apremiante. El peligro de muerte, incluso, gravita sobre muchos de ellos. Otros se encuentran en las ciudades de Francia soportando privaciones e imposibilitados, en consecuencia, para realizar su obra. Ante esta situación, sus colegas argentinos no podemos permanecer indiferentes y por eso hemos constituido la Comisión Argentina de Ayuda a los Intelectuales Españoles, cuyo único propósito consiste en allegar los fondos necesarios para liberarlos de los campos de concentración, socorrer a los que se encuentran en Francia y proporcionarles los medios necesarios para que se trasladen a los países donde les sea posible reanudar su vida y su trabajo.
>
> Acudimos a nuestros compatriotas pidiéndoles que contribuyan pecuniariamente al cumplimiento de este deber de humanidad.

VI

Natalio Botana inició en su periódico *Crítica* una campaña para recaudar fondos destinados a los intelectuales republicanos españoles (Schwarztein, 2001: 123–138) y Larrea, entonces secretario de la JCE, le escribe una carta de agradecimiento que consta de dos folios mecanografiados, carta fechada en París el 29 de julio de 1939 que dice así:

> París a 29 de julio 1939
>
> Señor Don Natalio Botana
> de mi mayor consideración
>
> Como Secretario de la Junta de Cultura Española he de manifestar a Ud. nuestro vivo agradecimiento por la campaña que generosamente ha emprendido CRÍTICA a favor de nuestros intelectuales. Por fin en la mayor ciudad de habla española se ha alzado la voz potente que esperábamos en defensa de esos millares de hombres que no tienen hoy sino cuitas que expresar en aquel mismo idioma que a tantos otros sirve

para decir su bienestar, su júbilo. Hasta este instante nos era difícil comprender, se lo aseguro, el solemne desvío de que nos venía haciendo objeto la Argentina. Castellanos, aragoneses, extremeños, gallegos, vascos, catalanes, andaluces, acostumbrados a festejar todos los Doce de octubre la fiesta de la Raza, nos sentíamos desasistidos, traicionados por algo que a nuestros ojos estaba en relación con nuestra esencia más profunda. ¿Cómo comprender que por haber sido leales a las nunca desmentidas tradiciones de libertad que han dado fisonomía a nuestra Historia, a esa tradición que desde los iberos hasta nuestros días ha orientado nuestras actividades regionales y nacionales inspirando hazañas a los conquistadores y hazañas a los libertadores, íbamos a vernos abandonados a nuestra difícil suerte por varios de los miembros mayores de esa misma Raza? ¿Cómo podía comprender yo por ejemplo que habiendo consagrado mi vida por entero a los designios de América, hasta el extremo de que mi mayor interés dentro de España se ha referido a esa sutil presencia que a partir del descubrimiento despertó en la península su calidad de Nuevo Mundo, me iba a ver desechado, excluido, puesto al margen? Gracias a Ud. por haber tomado en manos el trabajo iniciado con tanto fervor por la Comisión Argentina de Ayuda a los Intelectuales Españoles y haberle prestado el vuelo de sus poderosos medios de acción, de su entusiasmo.

La generosidad argentina no podía sustraerse a su llamamiento. Son ya muchos los miles de pesos recaudados para mejorar la suerte de profesores, ingenieros, arquitectos, literatos, maestros, médicos, artistas... Quisiera yo que en nuestro nombre diera Ud. también las gracias a cuantos han contribuido y contribuyen a recaudar la importante suma que aliviará la situación penosísima de quienes luego de haber perdido sus bienes, sus colocaciones y empleos, su salud, llorando a una parte de sus familiares y siguiendo separados de los que aún les quedan, sin sellos para franquear su correspondencia, sin papel en que escribir sus desdichas, son hoy en los arenales del sur de Francia la viva estampa de Job, cifra, compendio y rigor de las adversidades.

Mas también quisiéramos, –si he de hablarle con la libertad debida–, que la ayuda argentina no se limitara a una pingüe recaudación de fondos. Siendo esto mucho no es todo lo que necesitamos. La limosna puede caritativamente aliviar una situación y en casos excepcionales corregirla. Mas normalmente no basta para solucionarla por completo. Esos hombres tan espiritualmente dignos que han preferido perderlo todo a renegar de la verdad española que presta razón a su existencia, merecen tener la posibilidad de ganar con su trabajo los medios precisos para seguir viviendo. Como españoles que son todos tienen puesta su esperanza en América. Varias de esas repúblicas, siguiendo el ejemplo de la admirable y predestinada Nueva España de justísimo nombre, han abierto sus territorios a un número más o menos elevado de españoles dispuestos a rehacer su vida por el trabajo. Desgraciadamente no es éste hasta ahora el caso de la Argentina, república sin embargo la más pudiente de todas. Sus fronteras son para nosotros de piedra dura. Se nos consiente mendigar a la puerta de la casa, mas se nos niega el acceso a los aposentos familiares. ¿Conviene acaso que esto sea así? Todo cuanto en mí existe de español racional y sentimental se subleva, créame, contra situación tan humanamente injusta. ¡No es posible! La Argentina no puede romper sin quebranto el hilo moral de su historia. No puede sacrificar a la conveniencia de una

> propaganda tan probablemente malévola como inicua la dignidad y el porvenir de miles de hermanos suyos de sangre. Por mi parte estoy seguro de que la actual situación se debe a que ahí no se ha tenido aún la oportunidad de concederle la atención necesaria. Por eso me atrevo a rogarle con el mayor encarecimiento de que soy capaz que haga Ud., que haga CRÍTICA un llamamiento general a toda la prensa sin distinción de matices políticos, a todos los argentinos de buena fe y voluntad para que, concertando sus impulsos generosos, logren de las autoridades un tratamiento de favor y una franca acogida en su territorio para estos españoles que el dolor ha perfeccionado. Yo les aseguro que nunca tendrán Uds. que arrepentirse.
>
> En Ud. depositamos nuestra confianza, Señor Botana. Ud. y cuantos le ayuden en esta obra merecerán el reconocimiento de la comunidad hispánica. Considere como ya ganado por completo el nuestro personal, que me complazco en expresarle muy amistosamente. (JCE 6, carpeta 10).

Larrea se alegra de que esta iniciativa generosa y solidaria de Botana atenúe "el solemne desvío de que nos venía haciendo objeto la Argentina", es decir, el gobierno argentino. Porque, si la Argentina es la república americana "la más pudiente de todas", sin embargo "sus fronteras son para nosotros de piedra dura". Una política que indigna a Larrea hasta lo más profundo de su ser: "Todo cuanto en mí existe de español racional y sentimental se subleva, créame, contra situación tan humanamente injusta. ¡No es posible! La Argentina no puede romper sin quebranto el hilo moral de su historia". Botana ha tenido la virtud de recuperar ese "hilo moral" y por tanto Larrea le agradece haberse sumado al "trabajo iniciado con tanto fervor por la Comisión Argentina de Ayuda a los Intelectuales Españoles y haberle prestado el vuelo de sus poderosos medios de acción, de su entusiasmo". A partir de este agradecido y muy sincero reconocimiento, Larrea le plantea a Botana con profunda lucidez el fondo del problema que viven los intelectuales republicanos y por ello desearía "que la ayuda argentina no se limitara a una pingüe recaudación de fondos". Estos intelectuales no quieren vivir de la caridad de la limosna, sino que, por su propia dignidad, quieren ganar el pan con su propio trabajo profesional: "Esos hombres tan espiritualmente dignos que han preferido perderlo todo a renegar de la verdad española que presta razón a su existencia, merecen tener la posibilidad de ganar con su trabajo los medios precisos para seguir viviendo. Como españoles que son todos tienen puesta su esperanza en América". Por ello su carta finaliza con el ruego respetuoso de que *Crítica* apele al sentido humanitario de la sociedad argentina, a fin de lograr "de las autoridades un tratamiento de favor y una franca acogida en su territorio para estos españoles que el dolor ha perfeccionado. Yo les aseguro que nunca tendrán Vds. que arrepentirse".

VII

El mismo día 29 de julio de 1939 en que Larrea le escribe desde París la carta anterior a Botana, Frontini contesta desde Buenos Aires a la carta que Larrea le había escrito tres meses antes, concretamente el 22 de abril de aquel mismo año 1939:

COMISIÓN ARGENTINA DE AYUDA A LOS INTELECTUALES ESPAÑOLES

Lavalle 1312, 5º piso A
Teléfono: Mayo 38, 7512
Buenos Aires

29 de julio de 1939

Estimado amigo:

Contesto a su carta del 22. Le acompaño una página de *Crítica* correspondiente al día de la fecha. El encabezamiento está elaborado sobre su última carta. Pero he dicho a González Carbalho que no dijera quién firmaba pues como es, según usted me decía, un resumen de la que usted escribiría a Botana, he tratado de impedir la repetición. Se publica la carta de René Blech. Y la lista de los profesores universitarios.

En la Cámara de Diputados se ha presentado otro proyecto firmado por algunos diputados socialistas solicitando un subsidio de 50.000 pesos para los intelectuales. En cierto modo me ha fastidiado, pues aunque bien intencionado y dirigido a nuestra Comisión, ha sido presentado sin consultarnos, por lo menos no se me ha consultado a mí. Y le digo esto porque dichos diputados ignoraban que hay otro proyecto, el de contratación de los profesores universitarios. Pero, cuando ambos lleguen a la Comisión del presupuesto trataremos de conciliarlos de alguna manera. La Cámara de Diputados no ha trabajado en el curso de toda la semana por falta de quórum. En la próxima semana se producirá el debate sobre inmigración con interpelaciones a los ministros y otras yerbas [sic]. Su carta a Botana, encarando todos los aspectos de que me habla en la suya y que se publicará íntegra, tendrá la natural resonancia. Espero que, correspondiendo a mis indicaciones anteriores, me enviará usted material en todos los correos. Esta página que publica hoy *Crítica* producirá un efecto beneficioso en el ambiente universitario argentino. También el ejemplo de que se da cuenta con el ofrecimiento al profesor Emilio Mira. A este respecto le digo lo siguiente: acabo de escribirle a Londres (tengo estas señas: Durtone Manor Hotel. Champion Hila S. E. S.) y le digo lo que le diré también a usted para que la Junta le escriba igualmente, caso de vivir allí, caso de vivir, pues deseo que usted abone la solvencia de nuestra Comisión. Los doctores, cuyos nombres aparecen en el referido artículo, le contratarían –de aceptar- por un año, como profesor de ellos, pagándole 8.000 pesos. Las condiciones menores se determinarían en ocasión de recibir la respuesta del Dr. Mira, a quien le he pedido detalles sobre su consentimiento, prometiéndole en cambio un contrato debidamente legalizado y válido (en esto como abogado que soy procuraré que las cosas se hagan bien). Una vez enviado el contrato, o al mismo tiempo, se iniciarían las gestiones para obtener el permiso de ingreso. El dr. Mira podrá revalidar su título, o hacer aquí otras cosas según le conviniere. Y no será difícil que obtenga al cabo de un año una prórroga de su contrato. Entretanto habría salido de donde está, si es que lo pasa mal, y mejoraría sus condiciones. El ofrecimiento pecuniario que se le hace equivale a casi 700 pesos mensuales, suma que es en 200 pesos mayor de lo que se paga por cátedra universitaria. Escríbale pues en los referidos términos.

Respecto de lo que me pregunta en la carta anterior, le digo: escriba usted todo lo que le parezca. Si acaso por razones o circunstancias especiales no conviniera reproducir tales o cuales cosas aquí, las callaríamos. Lo que usted me envíe trataré de publicarlo en folleto para enviarlo a cada "prócer" del Parlamento.

Sobre si se ha mencionado o no a la Junta le diré: se ha mencionado muchísimas veces. En aquellas oportunidades ha sido omisión involuntaria no mencionarla. Y si se hacía referencias a cartas suyas es porque, para simplificar, suelo hacer resúmenes de las cartas recibidas o extracto párrafos que me parecen publicables, nada más. Nosotros nos adherimos a la campaña de *Crítica* con un mensaje que fue muy bien recibido y en esa ocasión dijimos expresamente que manteníamos desde hacía tiempo una constante comunicación con la Junta y con el Comité. Pásele a Blech el recorte de *Crítica* y lo mismo a Neruda, a quien le envío por intermedio de usted un apretado abrazo. Y tenga usted un fuerte apretón de manos

Norberto Frontini

Frontini le informa a Larrea en esta carta de las numerosas iniciativas que se están desarrollando en la Argentina, tanto desde el diario bonaerense *Crítica* de Natalio Botana (Schwarztein, 2001: 131–138) como en la Cámara de Diputados y en las universidades. En efecto, el 29 de julio de 1939 el diario *Crítica* publicó una carta escrita por René Blech, secretario del Comité d'Accueil aux Intellectuels Espagnols de París, que dice así:

París, 21 de julio de 1939-Señor Director de *CRÍTICA*. Buenos Aires.

Estimado señor: Acabo de enterarme de la magnífica campaña que ha iniciado en *CRÍTICA*, así como de su magnífico gesto.

No puede usted imaginarse la emoción que nos ha producido esta noticia y hasta qué punto nos ha impresionado saber que en la República Argentina un hombre y un diario emprenden la tarea de mitigar la desgraciada situación de los intelectuales españoles, todavía recluidos, en parte, en los campos de concentración.

Quisiera poderle describir la dignidad de estos intelectuales cuyo único "crimen" ha sido el amor a la libertad y para quien nuestro Comité ha hecho todo lo posible, logrando que unos 1.250 de entre ellos pudieran alcanzar un índice de vida más decoroso.

Pero todavía queda mucho por hacer: ayudar a vivir a los que han salido de los campos y libertar a los que en éstos siguen encerrados.

He aquí por qué yo quiero, en nombre de nuestros amigos españoles, y en el de los miembros eminentes de nuestro Comité, agradecerle una vez más el noble gesto que acaba de realizar.

Me permito incluirle un pequeño boletín, que le informará prácticamente sobre el funcionamiento de nuestro Comité.

Reciba usted, estimado señor, la expresión de nuestra emocionada y reconocida simpatía.

Por el Comité. (Fdo): René Blech.

La posible contratación del profesor Emilio Mira constituye una prueba contundente de este cambio, lento pero progresivo, en la política argentina de acogida. Se advierte así con claridad la satisfacción del abogado Frontini, ya que los esfuerzos coordinados entre la CAAIE y la JCE van fructificando en hechos concretos.

VIII

También Ímaz, al igual que hizo Larrea el 29 de julio, le escribe una carta a Botana, director de *Crítica*, fechada el 8 de septiembre de 1939 en México, adonde había llegado como pasajero del Veendam:

Sr. Don Natalio Botana
Director de *Crítica*

Distinguido Señor:

Recién llegado de París, donde en mis trabajos en la Junta de Cultura Española tuve ocasión de apreciar su generosa iniciativa con la magnífica campaña de ayuda orquestada a plana entera en *Crítica*, mi primer cuidado al tomar posesión del cargo de secretario de la Junta de Cultura en México es significarle en nombre de esta Junta todo el reconocimiento que le debemos los intelectuales españoles desterrados. Por las circunstancias de mi viaje, hace tiempo que no tengo información de la marcha de la suscripción. Con los acontecimientos de Europa, que han debido desviar circunstancialmente la atención de las gentes, es de suponer que aquélla ha tenido que sufrir un colapso. De todas suertes esta Junta tendría el mayor interés en saber la forma en que la guerra ha podido afectar, recortando vuelos, su generosa iniciativa, ya que puede servirnos de termómetro para calcular las posibilidades de ayuda que nos puedan quedar en el mundo. Además creemos una obligación elemental dar cuenta de la misma en el *Boletín de la emigración* que se publica aquí en la capital.

Precisamente la guerra ha precipitado las intenciones que la Junta de Cultura tenía de residenciarse en una capital hispanoamericana, que actualmente habrá de ser México por la cuantía de la inmigración de españoles refugiados. La guerra también ha desplazado definitivamente el centro de gravedad de la ayuda a los intelectuales desde los campos de Francia hacia las tierras de México. No necesito hacerle hincapié en las dificultades de penetración que una economía como la mexicana ofrece a la afluencia compacta de centenares de profesionales de todas clases, y que durante mucho tiempo será menester ayudar a muchos compañeros, incluso personalidades eminentes, no sólo a subsistir sino también a dotarles de elementos de trabajo (libros, instrumental, etc.). Esta Junta le agradecería si nos pudiera anunciar que podemos contar con la esperanza de alguna cantidad que viniera a engrosar nuestros modestos fondos, la ayuda que venimos aplicando en anticipos por trabajos encargados, ya que no nos es posible todavía abrir más la mano.

Le incluyo una copia del escrito en que se hallan expresados los fines que esta Junta persigue con la idea de que usted la pueda utilizar para insistir en su campaña, si ello es posible, y a su petición le enviaremos las informaciones que crea convenientes acerca del número, diversidad y calidad y actuación de los intelectuales en esta hospitalaria tierra.

Tengo mucho gusto en ofrecerme incondicionalmente de usted, s. s. y buen amigo.

México 8 septiembre 1939.

Firmado: Eugenio Ímaz

Ímaz, secretario de la JCE en México, le reitera a Botana "todo el reconocimiento que le debemos los intelectuales españoles desterrados" y le pregunta por "la marcha de la suscripción" popular en *Crítica*, previsiblemente debilitada por el estallido de la Segunda Guerra Mundial. La JCE publica un *Boletín de la emigración* en México, "en esta hospitalaria tierra", y ello porque "precisamente la guerra ha precipitado las intenciones que la Junta de Cultura tenía de residenciarse en una capital hispanoamericana, que actualmente habrá de ser México por la cuantía de la inmigración de españoles refugiados". Pero el problema económico sigue siendo grave y parece obvio que "durante mucho tiempo será menester ayudar a muchos compañeros, incluso personalidades eminentes, no sólo a subsistir sino también a dotarles de elementos de trabajo (libros, instrumental, etc.)". Finalmente, le informa de que una manera digna de ayudar con "nuestros modestos fondos" a algunos intelectuales es pagándoles "anticipos por trabajos encargados", tanto para la editorial Séneca como para la futura revista *España Peregrina*.

IX

El 4 de noviembre de 1939 Ímaz le escribe una nueva carta a Frontini, fechada en México, que dice así:

México D. F. 4 de Noviembre de 1939

Junta de Cultura Española
Avda. del Ejido 19
México D. F.

Querido amigo:

El amigo [Antonio Rodríguez] Luna me había anunciado carta de usted que he estado esperando hasta este momento en que, próxima la llegada a México de nuestro gran amigo Larrea, quería comunicarla a usted si ya de ello no tuviera noticias directas. La llegada de Larrea significa ya de una manera definitiva que la Junta encuentra el centro de gravedad para su acción aquí en América y que desde su sede en México tratará de seguir manteniendo la relación con los grupos amigos, a quienes tanto debe en sus primeros momentos difíciles y también con las colonias españoles, de las que espera asistencia simpática y ayuda.

En el mes en curso inauguraremos un local amplio con salón para conferencias y exposiciones que fundamentalmente tiene que servir de hogar común a los intelectuales mexicanos y españoles y esperamos que del trato asiduo nazcan cosas buenas para la cultura hispano-americana que, creemos puede entrar con esta asiduidad en una época nueva. Inauguraremos el local con una exposición selecta de los pintores españoles aquí refugiados y seguramente presidirá el acto el escritor Alfonso Reyes. Ya sabe usted que en la Casa de España en México se hallan acogidos intelectuales españoles de diversos calibres y calidad moral, en una mezcla confusa de buenos y malos, pero que nosotros no podemos por menos de estar reconocidos a la generosidad de las autoridades mexicanas, que han prestado una gran ayuda a la cultura española en peligro. Por eso, haciendo abstracción de reparos individuales, mantenemos las mejores relaciones con el Patronato de esta Institución y veremos con el mayor gusto que el señor Reyes inaugure nuestros nuevos locales.

Hemos puesto tal fe en nuestra labor, que un poco atrevidamente, nos hemos lanzado a la aventura de arrendar un local algo caro con la esperanza de que las posibilidades de atenciones que nos ofrece, pues hasta ahora no fuimos más que una pequeña oficina, incrementará nuestros medios de acción y nuestra influencia en los ambientes mexicanos.

No sé si recibió usted el folleto de Masip *Cartas a un emigrado español* que le mandé hace bastante tiempo con el propósito de que me diera su opinión, no sobre la presentación, que es bastante mala por las circunstancias en que se ha editado dicho folleto, sino de su contenido y de la acogida que pudiera tener en los medios españoles. Estamos para editar un libro de poesías de Emilio Prados; una novela de la guerra de [José Herrera] Petere, y otras producciones de jóvenes escritores, pero que tendrán que salir poco a poco porque no tenemos otra posibilidad para publicar los doce libros, que cada uno recupere sus gastos previamente.

Tenemos otros planes de conferencias sobre la guerra nuestra y de tipo cultural en general con colaboración extranjera.

También estará usted enterado de nuestro proyecto de biblioteca de préstamo, para la que solicitamos donativos de libros, aunque sean de segunda mano o deteriorados, y ya hemos recibido unos muy interesantes de la Oxford University Press de Nueva York. Y con dinero que nos ha mandado el Comité norte-americano de Ayuda a los Refugiados Españoles, que había organizado la exposición del *Guernica* de Picasso para repartir el producto de entradas entre la Junta de Cultura y el Comité francés de Accueil, hemos podido comprar para la biblioteca la colección Rivadeneyra, los Clásicos de La Lectura y los Clásicos Didot, y con esta presencia voluminosa, parece que toma cuerpo la idea de la biblioteca, que es más necesaria o tanto como el pan de cada día, pues nuestra gente está aquí desprovista de medios de trabajo.

Yo le pedía en mi carta noticias sobre la situación de aquella suscripción iniciada por Botana en *Crítica* con el propósito de hacer una comunicación en el *Boletín* que se publica aquí y que recorre toda América. Conviene para el prestigio de la Junta, prestigio que no tiene un carácter honorífico sino que es condición de la eficacia de nuestra labor, que vean muchos compañeros cómo se había realizado por los amigos de la Argentina una acción de ayuda seria. Le agradecería también que me indicara cuál es en las circunstancias actuales el propósito de ustedes respecto al destino de los fondos recogidos por la suscripción. Muchos escritores y pintores que han venido con nosotros, se han ido defendiendo de mala manera, si eso es defenderse, pues gran número de ellos han tenido que sacrificar la posibilidad de dedicarse de lleno a su obra. Por nuestro amigo Luna sabrá usted que, efectivamente, la vida para muchos compañeros es bastante dura. Un día de éstos se suprimen los auxilios que el Comité Técnico de Ayuda para los Refugiados viene concediendo, y con esto la situación para algunos se hará verdaderamente dramática. La Junta podrá aumentar la ayuda modesta que hasta ahora ha prestado en la forma decorosa de comprar originales o trabajos, si dispusiera de más medios.

En fin, como decía en mi anterior, estimaría mucho sus consejos y opiniones en esta tarea que nos hemos impuesto todos para salvar de la derrota a los vencidos y del marasmo a nuestra cultura.

En espera de sus gratas noticias, le saluda fraternalmente,

E. Ímaz (JCE 2, carpeta 1).

Ímaz le anuncia a Botana la inminente llegada de Larrea a México, que "significa ya de una manera definitiva que la Junta encuentra el centro de gravedad para su acción aquí en América". Asimismo, le informa de la inauguración de la futura sede de la JCE, "hogar común a los intelectuales mexicanos y españoles", aunque "un local algo caro" (calle Dinamarca, número 80) en relación con la "pequeña oficina" anterior. Este local se inaugurará con "una exposición selecta de los pintores españoles aquí refugiados", acto que "seguramente" presidirá Alfonso Reyes. (Enríquez Perea, 1998). Pero lo que más llama la atención de esta carta es la valoración que realiza Ímaz de los integrantes de la Casa de España en México, en donde "se hallan acogidos intelectuales españoles de diversos calibres y calidad moral, en una mezcla confusa de buenos y malos". Unos "reparos individuales" que, sin embargo, son compatibles con el elogio de "la generosidad de las autoridades mexicanas" en su política de acogida. Ímaz le informa de los proyectos más inmediatos de la JCE: publicación de libros, el primero de los cuales ha sido *Cartas a un español emigrado* de Paulino Masip, al que seguirán un libro poético de Emilio Prados y una novela de José Herrera Petere; ciclos de conferencias; "biblioteca de préstamo", etcétera, proyectos para cuya realización se requieren ayudas como las prestadas por la Oxford University Press de Nueva York o el Comité Norte-americano de Ayuda a los

Refugiados Españoles. Obviamente, el problema económico sigue siendo tan urgente como angustioso y, en este sentido, ruega le informe "sobre la situación de aquella suscripción iniciada por Botana en *Crítica*", así como "el propósito de ustedes respecto al destino de los fondos recogidos por la suscripción". La vida cotidiana de los intelectuales exiliados "es bastante dura" y su supervivencia económica depende de "los auxilios del Comité Técnico de Ayuda para los Refugiados", una ayuda cuya desaparición les provocaría una situación "verdaderamente dramática". Por su parte, la "ayuda modesta" que les presta la JCE se limita, por su penuria económica, como ya hemos visto, "en la forma decorosa de comprar originales o trabajos".

X

Once días después Frontini escribe una carta compuesta por dos folios mecanografiados, fechada en Buenos Aires el 15 de noviembre de 1939, que dirige tanto a Ímaz como a Larrea, en donde manifiesta sin tapujos su irritación por la manera en que Botana ha decidido repartir los fondos recaudados por *Crítica* entre los pasajeros del vapor Massilia, que llegó al puerto de Buenos Aires el 5 de noviembre de 1939 (Schwarzstein, 2001: 123–138):

Lavalle 1312 – 5º Piso A
Teléfono: Mayo 38, 7512
Buenos Aires
15 de noviembre -13- de 1939

Sres. Ímaz y Larrea.
Avda. del Ejido Nº. 19. México. D.F.

Queridos amigos:

Contesto tres cartas del amigo Ímaz. Perdón le pido por no haberlas contestado oportunamente. Tenía mis razones. Las que quedarán expuestas en esta carta. Deseaba esperar ciertos acontecimientos. Ahora, una vez producidos, estoy en condiciones. No tendré por qué corresponder a algunas preguntas de una manera ordenada. Lo que cuente, en general, abarcará todas las respuestas posibles. Ya habrán recibido mi telegrama. Les daré pues la expresión de algunos pormenores.

Oportunamente marché a Montevideo a recibir al grupo de intelectuales que viajaban en el Massilia. Muchos más de los indicados en la lista de Larrea. (Y algunos de ell[os] no venían). Digo muchos más, porque esto de intelectuales se ha ido estirando por causas de interna o externa elasticidad, tanto que estuve a punto de perder el sentido –o de quedar con aquel otro concepto peyorativo con que muchísimas veces esgrimimos nuestro fastidio contra tanto tonto erudito o de pega–. Sucedió lo siguiente: fui al puerto de Montevideo con algunos escritores uruguayos amigos. De aquí salió la noticia en los diarios y llegó a Buenos Aires. Pero en Buenos Aires, –el día anterior a mi partida–, comuniqué al grupo de amigos de la Comisión, vinculados a los diarios, la llegada de los intelectuales españoles, en el Massilia, para que fueran a esperarlos al puerto. En el puerto nos esperaban más de 20 amigos. Y la consulesa de Chile, gran amiga nuestra, la escritora Marta Brunet. Les dieron la bienvenida que yo les había anticipado.

Acaso le cuenten los camaradas españoles cuál fue la significación moral de mi presencia a bordo. Hice honor a su pedido –al de Larrea–. Distribuí 2500 pesos de la Comisión entre ellos. Yo había conseguido permiso para [Arturo] Cuadrado y su mujer [Amparo Mon] y sus amigos, de acuerdo a indicaciones que les hice oportunamente, permiso para [Manuel] Ángeles Ortiz. Y sucedió lo inesperado, lo ansiado, y fue: que el escritor Pablo Rojas Paz, amigo nuestro, avisó a Botana que estaban a bordo los intelectuales españoles de paso para Chile. Y Botana se fue al puerto a entregarles 180 pesos (que había ganado en las carreras el día anterior) y no lo dejaron entrar. Y esto le dio gran bronca. Y dijo (supongo que con voz olímpica): preparen una lista, que pediré al Presidente Ortiz que les den permiso para ingresar. Y envió un telegrama al Presidente. Y la cosa se hizo. Y estando yo en la Dirección de Inmigración me enteré de la orden de presidencia, que a poco de entrar yo, se había recibido. Lo que hice saber inmediatamente a los muchachos de a bordo. La lista se hizo, –la hicieron–, de algún modo. [Wenceslao] Roces deseó marchar a Chile y eso mismo le aconsejé. Y bajaron y quedaron aquí, –además de los 2 ya citados– 18 más, con sus familiares. Le cito algunos que recuerdo: Mejuto, Pontones, Gori Muñoz, Frances (por quien también se interesó Victoria Ocampo, a quien venía recomendado y a quien hablé yo personalmente, y por intermedio de amigos comunes), Cadenas, Conde, Elena Fortún, Gorbea, Cimorra, etc. Y algún alcalde –un memo– y alguno pseudo-dramaturgos –¡unos aprovechados!– y algunas meretricitas (¡la recaraba!). Nada: que entre autorizados por el presidente y autorizados por gestiones de amigos, quedaron más de 60.

El resto a Chile: Roces, Pastrana, [Alberto López] Barral. . . Y sucedió lo más inesperado, lo más rabiosamente inesperado: que Botana decidió distribuir los 40.000 entre esos 60. Nuestra Comisión observó el propósito ya que se le pidió opinión. Y dijo: deben ser beneficiados los de Chile, –los que fueron en el Massilia y otros que aún no están acomodados–; deben ser atendidos los que están en viaje para la Argentina; deben ser favorecidos los que se encuentran desde hace algún tiempo aquí y en malas condiciones: [Rafael] Dieste y Merli, por ejemplo.

Y aquí dieron en intervenir unos señores, de esos que están a la pesca de situaciones para justificar su quehacer, que no es un auténtico hacer sino un medio de vivir como cualquier otro, con escaso sentido moral, y con falso sentido político, quienes sin tener nada que ver con los intelectuales se entrometieron para dirigir la marcha de los acontecimientos. Y sostuvieron que todo el dinero debía ser distribuido entre la gente que había quedado en la Argentina. Y dos días después tuvieron una reunión en CRÍTICA – a la que no quise concurrir por razones que no es el caso expresar– y en esa oportunidad envié una carta a Botana en la que exponíamos el punto de vista de n[uestra] Comisión. Los señores de marras –todos representantes de la misma entidad– pulverizaron mi carta como mejor pudieron y resolvieron por unanimidad, su propia unanimidad, que los fondos, los 40.000, se distribuyesen entre los llegados en el Massilia. Luego de resuelto, Botana dijo: estoy de acuerdo con la Comisión Argentina de Ayuda en que se envíen 10.000 pesos a Chile. El resto queda aquí. Para los que vienen daré 5.000 pesos e iniciaremos otra suscripción. Y así quedaron resueltas las cosas. Como ven: una estupenda manera, muy salomónica, de resolver las cosas. Si hubiéramos sabido –amigo Larrea– que íbamos a disponer de esta suma, habríamos organizado una expedición de auténticos intelectuales españoles. Pero debíamos haber sabido lo que el presidente resolvió hacer de tan inesperada manera. Botana es hombre de proceder así. Ya se lo advertí oportunamente. El resultado ha sido que los hombres recibieron 500 pesos c[ada] u[no], las mujeres 300, y los niños 170. Pero se incluyeron quienes no tenían ningún motivo para merecer ayuda, y se excluyeron a mis amigos Dieste y Merli. . . porque no habían llegado en el Massilia. Esto es –déjenmelo decir con verdadero fastidio– una puñetera mierda. Lo digo con palabras que soléis usar vosotros cuando estáis de mal talante.

Sin duda alguna hay dos cosas que destacar aquí. Primero: el cambio de actitud del Presidente Ortiz. En esto ha podido Botana, pues es su amigo. Pero no olvidemos nuestra campaña y aquel mensaje de los siete eminentes intelectuales franceses. Además, lo de Botana es resultado de la intervención de miembros de nuestra Comisión. Segundo: que entre los que quedaron hay un grupo muy bueno, muy lleno de merecimiento y con una muy pronta comprensión para lo que hay que hacer aquí. En esto les he dicho sinceramente cómo entiendo que deben comportarse espiritualmente para que su estada aquí sea respetada y querida. Estamos de acuerdo y en este plan les apuro para que organicen el primer grupo de la Junta de Cultura Española. Yo tengo en casa de mi madre a Cuadrado y su señora (quien llegó en muy mal estado de salud pues traía el niño en su seno, sin vida, y debimos hospitalizarla a la espera de que lo expulse); y también tengo a Mejuto, a quien conocía de Madrid, un muy simpático 'bandido' que ha caído muy bien. Me he ocupado de ambos. Cuadrado es casi seguro que entre en estos días a trabajar como administrador en la revista *Sur* y de la sección Sur de libros de la Editorial Sudamericana. Mejuto entrará en comunicación con gente de empresas de cine.

Por su parte Guillermo de Torre llamó a Elena Fortún para emplearla en la editorial Losada para que dirija una sección de cosas para niños. Artache en CRÍTICA. Tres mujeres fueron empleadas en *El Sol*, diario matutino de Botana, (un plomo tremendo que no sé cómo podrá sostenerse). De Ángeles Ortiz se ocuparon otros amigos. De un técnico de laboratorio cinematográfico se ocupará [el] cineasta José Suárez, que acaso ustedes recuerden (y es amigo de Bergamín). Y así los demás. A los médicos los hemos puesto en relación con Sánchez Guisande y Baltar (el primero exdecano de la Facultad de Medicina de Zaragoza, el segundo exprofesor de la Facultad de Medicina de Santiago de Compostela) para que los guíen. Otros están al habla conmigo para otras tantas cosas. En esto de los españoles, –intelectuales–, estoy de acuerdo con Ímaz, con los términos de su carta. Pero a nosotros ya no nos engañan. Estamos de vuelta. Bueno, amigos: pronto estaré en México. En enero. Publicaremos aquí, antes de mi partida, un cuaderno de 8 estampas de Luna, que éste me mandó de Francia. Trataré de prologarlas. Es ésta una lata. Pero al detalle. Imaginé que les interesaría saber. Procuraré enviarles libros. No es cosa fácil. En todo caso les daré señas de editoriales.

> Un cordial abrazo para ambos. Pronto tendrán a Neruda. Le he escrito interesándome por un amigo. Creo que debíamos organizar otra expedición para Chile, por la Argentina. Esto deberá hablarse previamente con Botana. Escríbanle agradeciéndole. Planteando lo anterior esto se impone. Naturalmente, nada de los no intelectuales. Todo lo que hizo está dentro de su técnica. Hay que dejarlo. Nosotros somos hombres de otra visión. Acaso somos todavía un poco ingenuos.
>
> Salud. Un abrazo a Luna. Saludos de Cuadrado.
>
> [Firma] (JCE 2, carpeta 1).

Frontini viajó a Montevideo para recibir a los intelectuales republicanos españoles que viajaban en el Massilia de paso a Chile y cumplió con el encargo de Larrea de distribuir entre ellos los dos mil quinientos pesos de la CAAIE. Además, consiguió el permiso para desembarcar en Buenos Aires de Arturo Cuadrado Moure y Amparo Mon, así como del pintor Manuel Ángeles Ortiz. Pero "sucedió lo inesperado", una anécdota que les relata con todo lujo de detalles y que se resume en el hecho de que Botana, alertado por Pablo Rojas Paz, "amigo nuestro" en tanto "adherente" de la CAAIE, se enteró de la llegada del Massilia a Buenos Aires. Su enfrentamiento con la tripulación del barco desembocó en un telegrama al presidente Ortiz por el que este autorizó el desembarco de dieciocho intelectuales más, entre ellos el actor Severino Mejuto, el pintor Ramón Hidalgo Pontones, el escenógrafo y pintor Gori Muñoz (Gregorio Muñoz Montenegro), Elena Fortún, Eusebio de Gorbea y Clemente Cimorra, a los que Frontini califica como "un grupo muy bueno, muy lleno de merecimiento y con una muy pronta comprensión para lo que hay que hacer aquí". Sin embargo, junto a ellos habían desembarcado en Buenos Aires una fauna humana de hasta sesenta pasajeros compuesta por alcaldes memos, pseudodramaturgos "y algunas meretricitas", una fauna humana por la que Frontini expresa abiertamente su repugnancia moral y que "no tenían ningún motivo para merecer ayuda": "Si hubiéramos sabido –amigo Larrea– que íbamos a disponer de esta suma, habríamos organizado una expedición de auténticos intelectuales españoles".

Además, a continuación "sucedió lo más inesperado, lo más rabiosamente inesperado: que Botana decidió distribuir los 40.000 pesos entre esos 60". *El Sol*, el segundo periódico del propio Botana, informó de este hecho en la página 6 del 14 de noviembre de 1939 ("A los intelectuales españoles llegados en el Massilia se les entregó la colecta de *Crítica*"), una decisión personal que provocó la irritada indignación de Frontini, quien le escribió una carta a Botana en la que le exponía el punto de vista de la CAAIE, favorable a que se vieran beneficiados también "los que se encuentran desde hace algún tiempo aquí y en malas condiciones", por ejemplo Rafael Dieste y Joan Merli i Pahissa. Sin embargo, la decisión "salomónica" de Botana consistió en darle parcialmente la razón a la CAAIE "en que se envíen 10.000 pesos a Chile" y "el resto queda aquí. Para los que viene daré 5.000 pesos e iniciaremos otra suscripción". De esta forma, ni Dieste ni Merli obtuvieron la ayuda que a su juicio merecían, "porque no habían llegado en el Massilia. Esto es –déjenmelo decir con verdadero fastidio– una puñetera mierda. Lo digo con palabras que soléis usar vosotros cuando estáis de mal talante". En definitiva, que Frontini valora muy positivamente "el cambio de actitud del Presidente Ortiz. En esto ha podido Botana, pues es su amigo". Así, el titular de la página 8 del diario *El Sol* titulaba la noticia con estas palabras: "El presidente Ortiz tuvo un magnífico gesto con un grupo de técnicos e intelectuales españoles. Por la actitud comprensiva del Primer Mandatario, reconstruirán aquí sus hogares cuarenta familias dignísimas". Pero Frontini no podía ni quería olvidar la campaña de la propia CAAIE "y aquel mensaje de los siete eminentes intelectuales franceses" ya antes mencionados (Jean Perrin, Fréderic Joliot, Henri Focillon, Lucien Febvre, François Mauriac, André Gide y Jacques Maritain) como factores que ayudaron a crear una opinión pública favorable a dicho cambio.

XI

Por último, esta correspondencia entre la JCE y Frontini finaliza este año 1939 con una carta de Larrea al secretario de la CAAIE, fechada en México el 5 de diciembre de 1939, adonde dice haber llegado diez días antes, es decir, el 25 de noviembre de 1939:

> 5 Dic. 39.
>
> Señor Don Norberto A. Frontini
> Buenos Aires
>
> Mi estimado amigo:
>
> Llevo ya diez días aquí y si no le he escrito antes ha sido por falta material de tiempo. Aprovecho hoy un momento entre dos reuniones para dedicarle mi primer saludo americano con el deseo de que nuestra correspondencia vuelva a reanudarse para bien de los intereses que defendemos.
>
> En París todo quedó en orden. Nuestra delegación, compuesta por [José María] Quiroga Plá y [José María] Giner Pantoja, ha tomado a su cargo todos los asuntos en trámite y cuantas gestiones de interés haya que ir haciendo. Por lo pronto el aspecto más substancial de su trabajo consiste en distribuir los subsidios a los intelectuales. La Junta de Cultura, después de absorber al Comité d'Accueil, como Ud. sabe, logró para este fin los créditos necesarios. Ha quedado encargada también de recoger libros para nuestra Biblioteca y cuadros para nuestro Museo. Otro día hablaré a Ud. con más espacio de estos propósitos. Sólo quisiera por el momento que tuviera la amabilidad

de contestar a la siguiente pregunta: ¿Cree Ud. que podría prestarse a hacer un llamamiento en su periódico para conseguir libros e instrumentos de trabajo para la Junta en México? En caso afirmativo enviaría a Ud. los argumentos necesarios para interesar a ese generoso público argentino.

Pintoresquísimos los incidentes del grupo de intelectuales y asimilados del Massilia. En cuanto a la merienda de negros a que dio lugar el producto de nuestra famosa campaña más vale no hablar. Comprendo su indignación. No eran los viajeros en general de talla para justificar una medida semejante. Bien hubiera estado dedicarles una parte de la recaudación. Mas convertirles de repente en los niños mimados de la emigración parece pecar de excesivo. Ya no tiene remedio. Mas quizá sea posible más tarde sacar partido de esta aventura. ¿No habría manera de introducir en la Argentina [a] un grupo de verdaderos intelectuales? Cuando salí yo de París iba haciéndose cada vez más difícil sacar a la gente de Francia. Pero todavía era posible y pienso que debe seguir siéndolo. Y la cosa urge. No es fácil hacerse una idea de la situación desgarradora en que se encuentran allí los españoles. Ya se han perdido hasta las formas y se ha hecho patente la verdadera disposición del *alma* democrática de la Francia actual. Somos objeto de una disputa administrativa de altos vuelos. Unos nos quieren para negociarnos entregándonos a Franco para obtener en cambio algunas ventajas y otros para explotarnos haciéndonos trabajar en las más duras faenas. Así ha ocurrido con los intelectuales refugiados en casa de [Bertrand de] Jouvenel. ¿Sueldo? Ninguno. En otras ocasiones cincuenta céntimos de franco diarios. En el mejor de los casos cinco y hasta ocho francos por diez horas de arrancar patatas. Mas hay serios temores, basados en toda clase de indicios, que de lo que se trata en efecto es de enviar a todos un buen día a la península. Solución desastrosa. Por eso antes de que ocurra sería convenientísimo que la Argentina se decidiera a acoger siquiera a unas cuantas personas que designase la Junta de Cultura. ¿Cree Ud. que convendría que nos dirigiéramos a Botana?

Va llegando la hora de fundar en Buenos Aires una representación de la Junta de Cultura Española y en torno de ella una Asociación de Amigos de la Cultura Española para trabajar en íntimo acuerdo con nosotros. No sé si entre los españoles que han llegado ahí se encuentran algunos suficientemente activos y abnegados como para echar los cimientos de esa organización. Todavía no hemos levantado la voz para revelar, siquiera en parte, el sentido que a nuestro juicio tiene la catástrofe del pueblo español y las formidables posibilidades, en relación con América, que de ella se derivan. Mas no tardaremos en hacerlo. Se hace para nosotros preciso tomar precauciones para el futuro. Nuestra estructura política se encuentra como Ud. no ignora en plena descomposición. Todo son mortales divergencias. Si no se constituye sólidamente un organismo de diferente género, de un orden más elevado, que recoja y exalte los anhelos profundos de nuestra emigración, llegará el día en que ésta se desmoronará irremediablemente. Hace meses que la Junta de Cultura ha previsto la situación y trata de poner algún remedio. Hoy nos acercamos a una crisis decisiva. Sé que triunfaremos. La Junta ha comprendido desde el primer instante el carácter profundo de nuestra emigración, carácter apolítico en el sentido que generalmente se concede al concepto político. Por lo que a la Argentina se refiere yo confío en Ud. que sabrá ayudarnos con el entusiasmo y abnegación de que nos ha dado tan constantes pruebas. Si algo se le ocurre a Ud. a este propósito yo le agradecería que tuviera Ud. la bondad de comunicármelo.

Acabamos de trasladar la Junta a un nuevo local, amplio y decente. Pensamos inaugurarlo dentro de quince o veinte días con la mayor solemnidad posible. Hemos de hacer para entonces el primer número de una pequeña pero enjundiosa publicación [la revista *España* Peregrina] que proyectamos. Ya le tendremos a Ud. al corriente.

Ya le he entretenido bastante por hoy. No me guarde rigor, se lo ruego, por estas "latas".

Dé Ud. en mi nombre recuerdos y saludos a esos buenos amigos y reciba el afecto de

Juan Larrea (JCE 4, carpeta 7).

Larrea, tras informar a Frontini de su llegada a México y de que José María Quiroga Plá y José María Giner Pantoja asumen a partir de ahora la delegación de la JCE en París, manifiesta su comprensión por "la merienda de negros" del Massilia: "Pintoresquísimos los incidentes del grupo de intelectuales y asimilados del Massilia. En cuanto a la merienda de negros a que dio lugar el producto de nuestra famosa campaña más vale no hablar. Comprendo su indignación". Sin embargo, el interés de Larrea reside en plantearle a Frontini y a la CAAIE la dramática situación de los intelectuales republicanos españoles en Francia: "¿No habría manera de introducir en la Argentina [a] un grupo de verdaderos intelectuales? (...) No es fácil hacerse una idea de la situación desgarradora en que se encuentran allí los españoles". Por otra parte, la amenaza de que estos exiliados sean devueltos a la España franquista por la Francia "colaboracionista" de Vichy que representa el mariscal Philippe Pétain constituye una amenaza real. Siguen además las "mortales divergencias" políticas entre el exilio republicano español, por lo que Larrea realiza una afirmación polémica que debe ser entendida como una enérgica apelación a la unidad por encima de cualquiera suerte de sectarismos: "La Junta ha comprendido desde el primer instante el carácter profundo de nuestra emigración, carácter apolítico en el sentido que generalmente se concede al concepto político".

Por razones de espacio y por concretarme estrictamente al año 1939, interrumpo aquí el análisis de la correspondencia entre la JCE (Larrea e Ímaz) y la CAAIE (Frontini), de la que se conservan al menos tres cartas más, todas ya del año 1940: una de Frontini a Larrea del 16 de octubre y dos de Larrea a Frontini, fechadas respectivamente el 2 y el 7 de noviembre.

En definitiva, contra la hostil política inicial del presidente argentino Roberto Ortiz, los esfuerzos conjuntos de la CAAIE y de Natalio Botana, fundamentales a través de las campañas de prensa desarrolladas por sus periódicos *Crítica* y *El Sol*, lograron que Argentina acabara acogiendo a una nómina de nuestros intelectuales republicanos exiliados que reproduzco finalmente en el apéndice 2 de este trabajo.

APÉNDICE 1

LISTA PARA ARGENTINA: ABOGADOS, ARTISTAS, ARQUITECTOS, CATEDRÁTICOS, MÉDICOS Y PROFESORES (Lista mecanografiada, tres folios.)

ABOGADOS

LUELMO Y LUELMO JULIO, Asesor Jurídico del Estado Español. Especializado en administración local. Autor de las obras *La política local de España* y *El derecho de Occidente.*

NIETO PEÑA, ROQUE, Abogado y periodista. Ha estado en la Argentina, donde colaboró en *Leoplán* y otras publicaciones.

ARTISTAS

JULIÁN CASTADO, pintor.

ARQUITECTOS

LACASA, LUIS, De la Ciudad Universitaria de Madrid. Del Instituto Rockefeller. De la Oficina de Urbanización Ayuntamiento Madrid. Autor Pabellón España Exposición París 1937. Premios Concurso Hospital Toledo. Urbanización Logroño. Poblado en el Guadalquivir.

VAAMONDE, JOSÉ LINO, De la Junta Central del Tesoro Artístico. Secretario General de Propaganda. Del Ministerio de Hacienda. Del Instituto Nacional de Previsión. Director Instituto Geográfico y Estadístico.

CATEDRÁTICOS

BELLIDO GOLFERICHS, JESÚS MARÍA, Terapéutica en la Universidad de Barcelona. Trabajos originales sobre Fisiología del corazón y del riñón. Miembro de la *Association Internationale des Physiologistes* de París.

BONILLA MARÍN, GABRIEL, Derecho Civil y Procesal en la Universidad de Granada. Consejero Presidente de Estado. Varias obras sobre Derecho Civil. Director de la Caja de Previsión Social.

CASTRO, HONORATO DE, Astronomía esférica y geodesia. Universidad de Madrid. Secretario Facultad de Ciencias. Astrónomo del Observatorio. Académico ciencias. Exdirector del Instituto Geográfico y Estadístico. Publicaciones sobre Matemáticas y Astronomía, etc. D° Campsa.

GONZÁLEZ DE LA CALLE, URBANO, Latín: Estilística y Métrica y Lengua Sanscritz en la Universidad de Madrid. Multitud de publicaciones, sobre Historia, Literatura clásica, Fonética, etc.

MARTÍNEZ RISCO, MANUEL, Acústica y Óptica. Universidad Madrid. Numerosos trabajos doctrinales y de investigación.

MOLES-CANBET, ANTONIO, Profesor de Administración Pública en la Universidad de Barcelona. Vicepresidente del Instituto de Investigaciones Económicas de Barcelona.

RODRIGO LAVÍN, CIPRIANO, Profesor de Psicología experimental de la Universidad de Madrid. Médico forense. Especializado en Medicina legal.

SANTALÓ SORS, LUIS, Análisis Matemática (auxiliar F. C.).

SERRA HÚNTER, J., Historia de la Filosofía. Universidad Barcelona. Rector. Presidente Parlamento Catalán. Obras publicadas sobre Historia.

TRÍAS, JOAQUÍN, Catedrático de Clínica Quirúrgica y Terapéutica Operatoria, de Barcelona. Decano Facultad Medicina. Varias publicaciones.

XIRAU, JOSÉ, Derecho Procesal Universidad Barcelona. Decano Derecho. Consejo Instrucción Pública. Diputado a Cortes. Diversas obras.

MÉDICOS

CADENAS RUBIO, MANUEL, Odontólogo. Profesor de la Facultad de Medicina de Madrid. Del Instituto Rubio de Madrid.

PROFESORES

ÁLVAREZ SAMPER, ENRIQUE MARÍA, Profesor de colegios particulares.

BONILLA CAÑADAS, GABRIEL, Doctor en Derecho. Profesor de lengua francesa en la Universidad de Granada.

APÉNDICE 2

LISTADO INTELECTUALES ESPAÑOLES REFUGIADOS EN LA REPÚBLICA ARGENTINA (Lista mecanografiada con notas manuscritas, un folio.)

Amado Alonso	Profesor
Francisco Ayala	Catedrático [Anotación manuscrita]
Juan Cuatrecases	Catedrático
Andrés Dameson Aspa	Dibujante
Rafael Dieste	Escritor
Juan Echegaray García	Profesor de Dibujo
Rafael Fernández Cardoso	Odontólogo
Manuel Fondevila	Periodista
Felipe Jiménez Asúa	Catedrático
Luis Jiménez Asúa	Catedrático
Leocadio Lobo	Doctor en Teología (?)
Maruja Mallo	Pintora
Ossorio Florit Francisco	Médico
Ossorio Florit Manuel	Abogado
Ossorio Gallardo Ángel	Abogado, Escritor

Rojo Vicente	Profesor
Gumersindo Sánchez Guisande	Catedrático
Federico Ribas	Dibujante
Luis Santaló Sors	Profesor
Luis Soler González	Periodista
Augusto Barcia	Catedrático [Mecanografiado distinto al original]
Guillermo de Torre	Escritor
Arturo Cuadrado	Escritor [Mecanografiado distinto al original]
Marciano Vidan Freyria	Perito Mercantil
Mariano Perla	Periodista [Mecanografiado distinto al original]
Miguel Viladrich	Pintor
Emilio Mira	Médico, [Catedrático (manuscrito)] [Mecanografiado distinto al original]
José Venegas	Periodista [Mecanografiado distinto al original]
Gregorio Muñoz	Dibujante [Mecanografiado distinto al original]
Clemente Cimorra	Escritor [Mecanografiado distinto al original]
Rafael Alberti	Escritor [Mecanografiado distinto al original]
Ma. Teresa León	Escritora [Mecanografiado distinto al original]
Miguel Cadenas Rubio	Catedrático [Mecanografiado distinto al original]
Severino Mejuto	Actor [Mecanografiado distinto al original]
José E. Pontones	Pintor [Mecanografiado distinto al original]
Manuel Ángeles Ortiz	Pintor [Mecanografiado distinto al original]

[Añadidura manuscrita]

Manuel Blasco Garzón	[Abogado y político]
Alejandro Casona	Escritor
Manuel Villegas	Escritor
Lisardo Pita Romero	Periodista, Abogado, Escritor, [Ilegible ¿Embajada?] Redactor de *El Mundo*
Ramón Rey Baltar	Escritor

Catalina Bárcena	Actriz
Gregorio Martín Sierra	Escritor
Lorenzo Luzuriaga	Pedagogo
José Manuel [Ilegible]	Abogado y Magistrado
Felipe Morales	Periodista, Redactor en *La Voz*, de Madrid

(JCE 6, carpeta 14).

BIBLIOGRAFÍA CITADA

AZNAR SOLER, Manuel. "Los escritores españoles republicanos y la solidaridad internacional (Poitiers-1939: cartas de Rafael Dieste, Juan Gil-Albert, Antonio Sánchez Barbudo y Arturo Serrano Plaja a Jean-Richard Bloch)". Apéndice 1. En: Manuel Aznar Soler, *Segundo Congreso Internacional de Escritores para la Defensa de la Cultura (València-Madrid-Barcelona-París, 1937). Actas, discursos, memorias, testimonios, textos marginales y apéndices.* València: Institució Alfons el Magnànim, 2018: 981–996.

BINNS, Niall. *Argentina y la Guerra Civil española. La voz de los intelectuales.* Madrid: Editorial Calambur, 2012.

BISSO, Andrés y Adrián CELENTANO. "La lucha antifascista de la Agrupación de Intelectuales, Artistas, Periodistas y Escritores (AIAPE) (1935–1943)". En: Hugo Biagni y Arturo A. Roig (eds.), *El pensamiento alternativo en la Argentina del siglo XX, tomo II. Obrerismo, vanguardia y justicia social (1930–1960).* Buenos Aires: Editorial Biblos, 2006: 235–266.

BOCANEGRA BARBECHO, Lidia. "Argentina en la guerra de España". *Historia del Presente,* 12 (2008): 43–60.

ENRÍQUEZ PEREA, Alberto (comp.). *Alfonso Reyes y el llanto de España en Buenos Aires, 1936–1937.* Introducción y notas de Alberto Enríquez Perea. Ciudad de México: El Colegio de México, Secretaría de Relaciones Exteriores, 1998.

ORTUÑO MARTÍNEZ, Bárbara. *Hacia el hondo bajo fondo… Inmigrantes y exiliados en Buenos Aires tras la Guerra Civil española.* Madrid: Biblioteca Nueva, 2018.

PLAZA PLAZA, Antonio. "Intelectuales hacia México: el viaje del Veendam. Un episodio simbólico en la historia del exilio republicano de 1939". En: Manuel Aznar Soler y José-Ramón López García (eds.), *El exilio republicano de 1939 y la segunda generación.* Sevilla: Renacimiento, 2011: 830–844.

QUIJADA, Mónica. *Aires de República, aires de Cruzada: la Guerra Civil española en Argentina.* Barcelona: Sendai Ediciones, 1991.

ROMERO, Luis Alberto. "La Argentina de *Realidad*". En: Carolina Castillo Ferrer y Milena Rodríguez Gutiérrez (eds.), *Diez ensayos sobre Realidad. Revista de ideas (Buenos Aires, 1947–1949)*. Granada: Fundación Francisco Ayala-Universidad de Granada, 2013: 21–44.

ROMERO, Luis Alberto. "Exiliados republicanos y vida cultural y política en Buenos Aires, 1936–1950". En: Juan Pro, María Sierra Alonso y Diego A. Mauro (eds.), *Desde la Historia. Homenaje a Marta Bonaudo*. Buenos Aires: Ediciones Imago Mundi, 2014: 1–25.

SCHWARZTEIN, Dora. *Entre Franco y Perón. Memoria e identidad del exilio republicano español en Argentina*. Barcelona: Crítica, 2001.

WECHSLER, Diana Beatriz. "¡No pasarán! Formas de resistencia cultural de los artistas republicanos españoles exiliados en Buenos Aires". En: Andrea Pagni (ed.), *El exilio republicano español en México y Argentina. Historia cultural, instituciones literarias, medios*. Madrid: Iberoamericana, 2011: 189–207.

JAVIER SÁNCHEZ ZAPATERO

GEXEL-CEDID-Universidad de Salamanca

ANALOGÍAS, INTERTEXTOS E INTERACCIONES: UNA LECTURA CONTRASTIVA DE *LA LLAMA*, DE ARTURO BAREA*

Pese a presentarse en su aparato paratextual como novela, y a haber sido estudiada tradicionalmente como tal por la historiografía literaria, *La llama* (1946) –y la serie narrativa en la que se inscribe, también formada por *La forja* (1941) y *La ruta* (1943)– "se torna testimonio verazmente autobiográfico" (Torres Nebrera, 2009: 49), generando en el lector una recepción referencial. Así lo evidencian tanto sus características formales –narración homodiegética con focalización interna, retrospección, visión teleológica, correspondencia entre autor, narrador y personaje, etc.– como, sobre todo, sus relaciones con el contexto histórico, minuciosamente estudiadas por Rodríguez Richart (1993). En cierto modo, podría decirse que la trilogía es una crónica del primer tercio del siglo XX narrada a través del singular filtro de su autor, narrador y personaje principal, convertido en protagonista de una serie de avatares que se alzan sobre un fondo político y social en el que se van sucediendo algunos de los acontecimientos que jalonaron el desarrollo de la vida en España. Como apuntó Marra-López en uno de los primeros acercamientos críticos a la trilogía, la obra de Barea aborda "los sucesos acaecidos en el país, narrados por un miembro de una generación que tuvo que afrontar los duras encrucijadas nacionales de medio siglo: consecuencias de la liquidación de las colonias y la atonía espiritual de la sociedad, guerra de África, guerra civil" (1963: 290).

En el caso de *La llama*, la dimensión referencial e histórica se concreta en los años de la Guerra Civil, y en el periodo histórico que la precedió, con lo que, según Bender, "la lectura del libro permite observar la evolución de las

* Este trabajo forma parte del proyecto de investigación *La historia de la literatura española y el exilio republicano de 1939; final* (FFI2017-84768-R), dirigido por Manuel Aznar Soler y José-Ramón López García, financiado por el Ministerio de Economía y Competitividad.

tensiones sociales (...) hasta los disturbios callejeros cada vez más alarmantes y, finalmente, la sangrienta confrontación" (2016: 201). El arco temporal de los sucesos narrados abarca desde agosto de 1935 hasta los primeros meses de 1939, cuando Barea, exiliado en Francia ante la inminencia de la derrota republicana, decide marchar hacia Inglaterra, donde a la postre pasaría los últimos años de vida hasta su muerte en 1957. Entre ambos polos, se va narrando la peripecia de Barea atendiendo a su evolución personal -marcado por el fracaso de su matrimonio, la progresiva separación de su familia y la ilusión que supuso la irrupción en su vida de Ilse Kulcsar– y profesional, que le llevó a abandonar poco tiempo después del estallido del conflicto su trabajo en una oficina de patentes para colaborar de forma activa con el bando republicano, primero como instructor de milicianos y después como censor de las comunicaciones que los corresponsales extranjeros mandaban a sus periódicos.

En consecuencia, los sucesos del Cuartel de la Montaña en los primeros compases de la guerra, el durísimo asedio al que fue sometida la ciudad de Madrid desde noviembre de 1936 o la aparente tranquilidad que se vivía en la retaguardia valenciana son reflejados en la obra, en la que también aparecen como personajes algunos de los individuos con los que Barea compartió vivencias durante el conflicto bélico. Por las páginas de *La llama* desfilan seres anónimos, con cuya peripecia quiere el autor mostrar la intrahistoria de un conflicto que a nadie dejó indiferente, pero también personajes históricos cuya identidad y trayectoria vital está documentada: políticos como Julio Álvarez del Vayo o Luis Martínez Rubio, bajo cuyas órdenes trabajó en la Oficina de Prensa Extranjera y Propaganda de la Sección de Prensa y Propaganda del Ministerio de Estado; militares como José Miaja o Gustav Regler, con quienes se relacionó durante su estancia en Madrid en la guerra; o periodistas extranjeros como Sefton Delmer, Louis Delaprée, Mijail Koltsov, John Dos Passos o Ernest Hemingway, con quienes tenía que verse a diario en el desarrollo de su actividad.

Más allá de suponer simplemente el colofón al relato autobiográfico que pretende trazar toda la trilogía, el tratamiento del tema bélico puede ser interpretado como el intento del autor de disentir del relato histórico, y de manera especial del de la guerra, impulsado desde el franquismo. Al igual que en la de otros exiliados que abordaron en su literatura el conflicto, en la obra de Barea se intentan cuestionar "los postulados históricos hegemónicos" para convertirse en "la otredad y la alteridad" y, en definitiva, "en una posición ideológica frente al olvido y el desentendimiento histórico nacional" (Martínez, 1998: 328). De ahí que en *La llama* se critique abiertamente a los "generales que se llamaban ellos mismos 'salvadores del país'" y se rechace a "los herederos de la casta que había regido España durante siglos (...) que ahora coronaban su hoja de servicios cañoneando su propio país para hacerse amos de esclavos y a su vez convertirse ellos mismos en esclavos de otros amos" (2001: 251–252). Además, Barea denuncia con vehemencia el comportamiento del ejército franquista durante la guerra, relatando, por ejemplo, como sus tropas, en su avance hacia la capital, "cuando entraban en un pueblo, fusilaban a los hombres y cortaban el pelo al rape a las mujeres" (2001: 189). Especialmente crítico fue con la actitud de los sublevados durante el asedio de Madrid, detallando los daños materiales y humanos provocados por los bombardeos y los disparos de la artillería. *La llama* describe el caótico panorama de una ciudad en la que "llegaban a través del aire, desnudos y directos, zumbidos y explosiones, tableteos de ametralladora, restallar seco de fusiles" (2001: 327), "se veían las llamaradas en las bocas de los cañones y se veían oscilar los árboles de la Casa de Campo como si hubiera monstruos que se rascaran contra sus ramas" (2001: 238) y "los ataques aéreos eran un hecho casi diario" (2001: 192). La intención de contrarrestar la visión de la guerra como "cruzada patriótica" se manifiesta también en la minuciosidad con la que en la obra se especifican los efectos de la violencia franquista, como cuando se alude a que "el 30 de octubre, un solo avión mató a cincuenta niños en una escuela de Getafe" (2001: 192) –poniendo así de manifiesto la crueldad de unas acciones que no solo tenían objetivos militares, sino que también se cebaron con la población civil– o cuando se describe el dantesco aspecto de una "calle muerta" en la que, al lado "de montones inmensos de basura y escombro (. . .), había casas cortadas limpiamente por un hachazo gigante que mostraban sus entrañas como una casa de muñecas abiertas" (2001: 2018).

La llama en el contexto de la literatura española: Madrid y la Guerra Civil

La importancia que adquiere el espacio urbano madrileño permite integrar la obra en el corpus de narraciones dedicadas a recrear lo sucedido en la capital durante la contienda, cuya extensión ha llevado a Castillo a afirmar que "Madrid ha sido la única ciudad capaz de inspirar un verdadero género literario" (2016: 93). En la literatura española, hay ejemplos que permiten entender esta relevancia en la narrativa sobre la Guerra Civil desde la propia época del conflicto, cuando aparecieron, entre otros, títulos como *Acero de Madrid. Epopeya* (1937), de José Herrera Petere; *A sangre y fuego. Héroes, bestias y mártires de la guerra española* (1937), de Manuel Chaves Nogales; *La revolución española vista por una republicana* (1937, publicada originalmente en francés), de Clara Campoamor; *Como fui ejecutado en Madrid* (1937), de Jacinto Miquelarena; *Madrid, rojo y negro* (1938), de Eduardo de Guzmán; *Madrid, de corte a checa*

(1938), de Agustín de Foxá, o *El asedio de Madrid* (1938), de Eduardo Zamacois. El propio Barea se sumó a esta nómina gracias a la publicación, en 1938, de *Valor y miedo*, una colección de relatos basados en su propia experiencia personal en la que se mostraba el heroísmo del pueblo madrileño que combatía y luchaba por la legitimidad republicana al tiempo que soportaba la violencia de los bombardeos franquistas en un contexto de miseria y privaciones. Surgidos de las narraciones que el propio Barea locutaba en su programa de radio, los relatos carecen en ocasiones de andamiaje argumental, convirtiéndose así en meras estampas descriptivas y costumbristas de la contienda que reflejan la "lucha cotidiana por sobrevivir en circunstancias muy difíciles" y, de forma especial, "la vida de las personas más ignoradas por la historia" (Townson, 2007: 11).

Valor y miedo –que en cierto modo puede considerarse un antecedente de *La llama*, no solo por abordar la guerra, sino sobre todo por anticipar personajes y acciones que después serían desarrolladas– ejemplifica a la perfección la distinción existente entre las obras de autores franquistas como Miquelarena y Foxá y las de quienes, dentro de sus diferencias ideológicas, apoyaban la causa republicana. Frente a la insistencia con la que los primeros reflejaron la violencia de la represión llevada a cabo por los milicianos, sobre todo en los primeros meses de la contienda, a través de la recurrencia de paseos, sacas y checas, los segundo criticaron con vehemencia la crueldad de los bombardeos del bando sublevado al tiempo que trataban de reivindicar la memoria de las víctimas y de quienes combatieron para defender Madrid, elevando a la categoría de mito la consigna de "No pasarán". Así puede apreciarse, por ejemplo, en "Proeza", un relato de la colección que, después de narrar los efectos de un salvaje bombardeo en el barrio de Vallecas que provoca la destrucción de una casa y la muerte de varios integrantes de una familia, termina abruptamente indicando de forma explícita los nombres de una víctima que logró sobrevivir y de otra que falleció –"El padre se llama Raimundo Malanda Ruiz. La madre se llamaba Librada García del Pozo" (2007: 167)– y señalando, con un claro afán de degradación, que "los asesinos no tienen nombre" (2007: 167).

Madrid siguió siendo escenario de muchas de las novelas, autoficciones y autobiografías que sobre la Guerra Civil se escribieron después de 1939, como pone de manifiesto la frecuencia con la que su geografía fue utilizada como marco físico y social en la denominada "narrativa de la victoria" (Naval, 2000) con la que los autores franquistas trataron de imponer un relato histórico afín a sus intereses, intentado justificar y legitimar la actitud franquista a través de la constante denigración del enemigo. Títulos tan elocuentes como *Madridgrado* (1939), de Francisco Camba; *Checas de Madrid* (1939), de Tomás Borrás; o *Una isla en el mar rojo* (1940), de Wenceslao Fernández Flórez, proyectaron una imagen "angustiosa [e] infernal" de la ciudad, dominada por "el horror de las torturas y los crímenes" y por una inversión de valores que había conllevado su antiespañolidad después de que "lo castizo, tras hacerse republicano, se [hubiera] vuelto soviético" (Castillo, 2016: 72–73). Muy distinta fue, lógicamente, la visión de Madrid en la narrativa del exilio, como evidencian, además de *La llama*, los casos de *La vida por la opinión. Novela del asedio de Madrid* (1942), de Valentín de Pedro; *El diario de Hamlet García* (1944), de Paulino Masip; *Sueños de grandeza* (1946), de Antonio Sánchez Barbudo; *El rey y la reina* (1948), de Ramón J. Sender; *Campo abierto* (1951) y *Campo del Moro* (1963), de Max Aub o los de las obras póstumas *La viña de Nabot* (1979), de Segundo Serrano Poncela; *Celia en la revolución* (1987), de Elena Fortún; y *Cuentos de Madrid* (2007), de César M. Arconada. Es evidente que la novela autobiográfica de Barea se imbrica con naturalidad en este corpus, no solo por las particularidades derivadas del exilio que sufría el autor cuando la escribió, sino también y sobre todo porque comparte con ellas la intención de mantener vivo el legado del Madrid resistente y heroico, interpretado como la "capital de la gloria" que trataba de defenderse de las embestidas del ejército franquista. De ahí que en *La llama* se indique la ciudad, pese a las dramáticas circunstancias que vivía, "estaba sacudida por una exaltación febril" (2001: 213) o que se alabe la actitud de parte de sus habitantes al señalar que "el pueblo de Madrid se defendería, a navajazos, si [fuera] necesario" (2001: 201).

Ahora bien, la defensa de la legitimidad republicana jamás cegó a Barea, que fue capaz de trascender su compromiso político para lanzar una mirada autocrítica y cuestionadora sobre la actitud de ciertos grupos de milicianos, así como sobre la desorganización general que imperó en el bando republicano durante la guerra. Según Lunsford, el autor "no enarbola patrióticamente la bandera del republicanismo" ni "denuesta fanáticamente a los nacionales", sino que intenta transmitir "una compasión por la tragedia de su nación destruida" (1990: 238). En las páginas de *La llama*, en consecuencia, es posible encontrar críticas hacia la violencia desatada por quienes "no lucharían ni llevarían a cabo ninguna revolución" y "lo único que harían sería robar, destruir y matar por puro placer" (2001: 144). En similares términos se expresaron otros autores exiliados como Valentín de Pedro, quien denunció en su novela cómo dentro de quienes decían luchar por la República había "fieras cuyos instintos se mostraban (. . .) con un fusil en la mano y con ansia de matar" (2014: 127), o Manuel Chaves Nogales, que escribió en uno de sus cuentos que algunos de los milicianos que llevaron a cabo acciones de "feroz represalia" contra el enemigo "se habrían maravillado si alguien se hubiera atrevido a sostener que lo que ellos consideraban naturalísimo era una monstruosidad criminal" (2011: 20). Asesinatos, saqueos y actos vandálicos se suceden en la obra, en la que el narrador y protagonista califica a las checas como "tribunales terroristas" (2001: 183); llega a admitir, mientras contempla el incendio de un edificio religioso, que le resulta "imposible aplaudir la violencia" (2001: 124); y no duda en retirar la palabra a un conocido que, alistado en los primeros días de la guerra, se jacta ante él de haber participado en una ejecución masiva en la Pradera de San Isidro argumentado que es necesario "acabar con todos esos cerdos fascistas" (2001: 158). Barea, para quien matar era "monstruoso y estúpido" (2001: 251), se mostró especialmente crítico con la progresiva pérdida de valor de vida en un contexto en el que "nadie estaba libre de la denuncia o del terror, del tiro del miliciano nervioso o del asesino disfrazado que cruzaba veloz en un coche y barría una acera con su ametralladora" (2001: 221). Asimismo, también expuso su malestar con la decadencia física y social del espacio urbano madrileño, a la que contribuyeron tanto los efectos de la violencia de la retaguardia, los bombardeos y la cercanía del frente como las consecuencias de la llegada a una ciudad en la que se carecía de los recursos más fundamentales de una masa ingente de refugiados que huían del avance de las tropas franquistas. Semejante panorama le llevó a escribir que todo en Madrid "era destrucción, repugnante y asquerosa como una araña pisada; y era la destrucción de un pueblo; la destrucción bárbara de un rebaño de gentes, azotadas por el hambre, por la ignorancia y por el miedo de ser, sin saber por qué, espachurradas, destruidas (2001: 251).

Pese a la identificación de *La llama* con la narrativa bélica y autobiográfica del exilio republicano, también es posible encontrar concomitancias con obras de otros periodos de la literatura española. En concreto, dentro del extenso corpus de narraciones que en las últimas décadas se han dedicado a rememorar el pasado traumático español representado por la guerra y la represión franquista hay dos novelas que parecen deber mucho al texto de Barea. Por un lado, *La noche de los tiempos* (2009), de Antonio Muñoz Molina, presenta numerosas similitudes en el argumento, en la interpretación de la guerra y en la configuración de su personaje principal con *La llama*, hasta el punto de que puede detectarse entre ambas una relación hipotextual que determina el innegable peso que en la creación de la segunda tuvo la primera. A pesar de que la crítica ha tendido a centrarse en la evidente vinculación que la peripecia biográfica del protagonista de la novela de Muñoz Molina tiene con la de Pedro Salinas, con quien comparte el destino del exilio a Estados Unidos y el impacto que supuso en su vida personal la relación adúltera con una joven hispanista norteamericana, lo cierto es que los personajes principales de *La llama* y *La noche de los tiempos* presentan numerosas analogías en su trayectoria vital, más allá de las que les sitúan el mismo contexto histórico y espacial. No en vano, como ha confesado el propio Muñoz Molina, "Ignacio Abel le debe mucho a Arturo Barea, sobre todo al tercer tomo de sus memorias" (Ruiz Mantilla, 2009). Así, los dos consiguen, a pesar de provenir de entornos humildes, ascender en la escala social hasta llegar a ocupar una destacada posición gracias a su actividad profesional, sin que ello sea óbice para que mantengan firmes sus convicciones ideológicas, que les llevan a apoyar a formaciones de izquierda y, consecuentemente, a defender la legitimidad del régimen de la II República –cuya labor en pos de la igualdad social y la modernización de España ambos reconocen y elogian– al estallar la guerra. Tal y como se ha expuesto en un trabajo anterior (Sánchez Zapatero y Guzmán Mora, 2015), las similitudes entre las dos obras trascienden la mera configuración y desarrollo de los protagonistas y alcanzan también a la visión que proyectan del conflicto, que en ambos casos combina el compromiso con la causa republicana con la autocrítica y el lamento por constatar cómo Madrid fue transformándose durante la guerra en un siniestro y apocalíptico escenario en el que se convivía con la muerte, la miseria y el horror. Además, tanto *La llama* como *La noche de los tiempos* pueden ser interpretadas, gracias a la historia sentimental que relatan, como un alegato humanista que reivindica la pasión individual frente al fanatismo ideológico.

Por otro lado, *Pólvora, tabaco y cuero* (2019), de Javier Valenzuela, convierte a Arturo Barea en personaje de una trama detectivesca ambientada en el Madrid bélico. Protagonizada por un investigador al que se le encarga resolver un caso de asesinato acaecido en las navidades de 1936, la obra mantiene, al igual que *La noche de los tiempos* y como suele ser habitual en la novela histórica, un doble espacio de referencialidad en el que se combinan acontecimientos y personajes históricos con elementos ficticios. Al igual que el general Miaja, Eduardo Val o Cipriano Mera, Barea es uno de los seres reales que aparecen en la novela, que ofrece de él una imagen muy similar a la que, como se expondrá más adelante, aportó de sí mismo en *La llama*: "Era alto, delgado, de tez cetrina y aspecto elegante. La sombría luz de una lamparita acentuaba las arrugas de su frente y confería a su rostro un aspecto cadavérico. Tendría unos cuarenta años, pero parecía tan exhausto como si ya hubiera cumplido un siglo" (2019: 67).

La llama en el contexto de la literatura universal: testimonios de corresponsales

Como ya ha sido apuntado, Arturo Barea, que manejaba el francés con fluidez y entendía el inglés, se incorporó en octubre de 1936 a la Oficina de Prensa Extranjera. Su actividad implicaba largas e intensas jornadas, desarrolladas fundamentalmente en el edificio de la compañía Telefónica situado en la Gran

Vía, y consistía en revisar las informaciones de los corresponsales extranjeros para intentar que en las noticias que enviaban a sus periódicos, y con ello al mundo, no se filtrasen visiones negativas del bando republicano ni interpretaciones de la contienda favorables a los sublevados. El propio Barea reconoció que "miraba los despachos de los periodistas tratando de descubrir lo que querían decir, cazando palabras a través de diccionarios pedantes para descifrar el significado de sus frases de doble sentido, sintiendo y resintiendo la impaciencia y la hostilidad de sus autores" (2001: 223). Su testimonio se complementa con el que legó en 1937 el periodista británico –aunque de origen neozelandés– Geoffrey Cox en *La defensa de Madrid* (*Defence of Madrid*), en el que, además de una de las primeras crónicas de la cotidianeidad del Madrid sitiado, se incluía una descripción del trabajo de los periodistas internacionales. Después de explicar cómo los redactores tenían que dictar sus crónicas a las taquígrafas de sus respectivos medios de comunicación, Cox advertía de que "junto a cada uno, estaba sentado un censor, con cascos de escucha y con un mando preparado para cortar la llamada en caso de que el locutor cambiara o añadiera material al texto mecanografiado" (2009: 207).

Gracias al desarrollo de su trabajo, Barea pudo entrar en contacto con prácticamente todos los corresponsales que pasaron por la capital durante la guerra. Esta convivencia devino en algunos casos en amistad, como pone de manifiesto el caso de Delmer, a quien Barea llegó a calificar como "el único corresponsal inglés con el que [se] había encariñado" (2001: 250) y quien probablemente tuvo algo que ver en el hecho de que su primera publicación literaria, el cuento "The fly" –incluido posteriormente como "La mosca" en *Valor y miedo*– apareciese originalmente en 1937 en el *Daily Express*, el periódico para el que trabajaba. De hecho, en su autobiografía, el corresponsal británico manifestó que Barea "descubrió su talento literario revisando los textos presentados para su publicación por periodistas, lo cual le curó el complejo de inferioridad para escribir" (1961: 294).

Como evidencian los casos de Cox y Delmer, la actividad profesional de Barea permite comparar su obra con los testimonios que sobre su experiencia en la guerra escribieron algunos de los corresponsales a los que trató en su actividad profesional. No en vano, en *La llama* hay varios capítulos dedicados a describir las rutinas de trabajo y el modo en que los corresponsales vivían en el Madrid sitiado, marcado por la paradoja de sufrir los rigores de la guerra y ofrecer al mismo tiempo una agitada vida nocturna gracias a que, pese al desabastecimiento, "lo más fácil de conseguir (. . .) era el whisky" (Dos Passos, 2017: 82). Convertido en máximo responsable del departamento de prensa extranjera en Madrid tras el traslado del gobierno republicano a Valencia, Barea no limitaba su actividad a revisar y censurar las informaciones que los corresponsales enviaban a sus medios, sino que también se encargaba de supervisar todas las gestiones que los periodistas foráneos necesitasen para desarrollar su actividad mientras estuvieran en la capital: tramitación de autorizaciones para permanecer en España, concesión de permisos para moverse por la ciudad o visitar el frente, gestión de entrevistas con personalidades políticas y militares republicanas, etc. Sus numerosas obligaciones provocaron que tuviese que desarrollar frenéticas jornadas, en ocasiones de más veinticuatro horas seguidas sin descanso, en las que no era inusual que se viera sorprendido por el estallido de bombas en los alrededores del edificio de la Telefónica, al que otro periodista extranjero, Henry Buckley, llegó a definir, aludiendo al carácter referencial que le daba su gran altura, como "el centro del Madrid sitiado, en el punto de mira hacia el que apuntaban los cañones de los rebeldes" (2004: 209). Barea confiesa haber aguantado aquellas condiciones "a fuerza de café negro, espeso, y coñac (. . .), borracho de fatiga, café, coñac y preocupación" (2001: 222), trabajando "días y noches con una excitación febril, rayando en histeria" (2001: 374). De ese modo, en *La llama* "se ponen en paralelo la tensión personal que vive Barea y la tensión colectiva que se va produciendo a la vez en su entorno inmediato" (Torres Nebrera, 2001: 135). Del desgaste físico que la ansiedad, el cansancio y las circunstancias bélicas le provocaron dan fe las semblanzas que sobre él escribieron dos de periodistas extranjeros que le conocieron, muy similares a la ya mencionada de la novela de Valenzuela. Mientras que John Dos Passos se refirió a él como un "español cadavérico" (2017: 78) al que "parecía que le faltaba el sueño y la comida", Delmer le definió como un "tipo moribundo" (1961: 292).

En ocasiones, los testimonios de los corresponsales rebaten el de Barea. Sucede así, por ejemplo, con *Rumbo hacia una España en guerra* (*Single to Spain*, 1937), el texto que sobre su experiencia en la contienda durante la segunda mitad de 1936 escribió el británico Keith Scott Watson. Aunque Barea y Scott Watson no se mencionan en sus respectivas obras –el primero solo alude en una ocasión a "un periodista inglés" (2001: 263), mientras que el segundo tan solo ofrece una breve semblanza de Ilse Kulcsar, a quien define como "una periodista muy capaz" (2014: 234)–, sus testimonios contienen numerosas referencias cruzadas, como no puede ser de otro modo al ocuparse de un mismo periodo histórico en el que trabajaron en los mismos lugares y convivieron con las mismas personas. No obstante, y por más que en sus textos, al igual que en los de otros corresponsales como Cox, Delmer o Buckley, se describen situaciones análogas relacionadas tanto con las nuevas rutinas a las que obligó la guerra como con el día a día de la Oficina de Prensa Extranjera, un mismo suceso es narrado de forma radicalmente diferente por ambos. Se trata de la muerte de Luis, el ordenanza del Ministerio, acaecida a finales de 1936 en un accidente de tráfico cuando se dirigía de Madrid a Valencia, donde se iba a encontrar con el propio Barea. Scott Watson viajaba con él, y con otra mujer, en el coche, y su versión de lo ocurrido difiere de la aportada por Barea. Mientras que en *La llama* se dice que "un coche había sufrido un accidente cerca de Valencia" (2001: 262), en *Rumbo hacia una España en guerra* se afirma que se salió de la carretera por la acción de otro vehículo desde el que, además, les dispararon: "El rugido del motor del coche que nos adelantaba era ensordecedor. Vi una silueta negra disparar mientras nos adelantaba. Nuestro chófer dio un volantazo y frenó con brusquedad mientras el otro coche giraba hasta cruzarse delante de nuestras ruedas delanteras obligándonos a echarnos al borde de la carretera (2014: 297). De este modo, la muerte de Luis, producida por una fractura en la columna vertebral según Barea, fue consecuencia de una bala incrustada en la espalda si se sigue el testimonio de Scott Watson. La versión del atentado fue corroborada por Sefton Delmer, quien en su biografía atribuyó la responsabilidad del suceso a los servicios secretos soviéticos por la sospecha de que el periodista británico y su acompañante en el viaje fueran "desvicionistas y espías" (1961: 306). Es cierto que resulta complicado creer que Barea no hiciera ninguna mención a la posibilidad del atentado si alguna vez supo de ella, y más teniendo en cuenta que no era comunista y que, como ya ha sido expuesto, su compromiso político jamás le llevó a tergiversar su visión de la realidad, pero también lo es que, sin tener más información sobre el asunto que la que aportan estos testimonios, es complicado determinar exactamente qué sucedió.

Pero, sin duda, la obra que de forma más intensa dialoga y se relaciona con *La llama*, hasta el punto de conformar conjuntamente un díptico en el que se narran desde perspectivas complementarias sucesos idénticos, es *Telefónica* (2019), la novela que sobre sus experiencias en la guerra escribió Ilse Kulcsar, publicada por entregas en un periódico austriaco y no editada de forma íntegra hasta su recuperación en castellano en 2019. A pesar de sus diferencias formales –sintetizadas en la idea de que "el texto de Barea pretende ser un testimonio (. . .) que trata lo pasado desde una perspectiva individual en primera persona" y el de Kulcsar, relatado desde el punto de vista de un narrador omnisciente, "se inscribe en la tradición de la novela de crítica social (. . .) con una finalidad didáctica para convencer al público de la lucha socialista (. . .) y proclamar la necesidad de la emancipación femenina" (2019: 336–337)–, las dos obras coinciden, como no podría ser otro modo, en la peripecia personal de sus protagonistas y en el entorno histórico en que esta se produjo. No obstante, la dimensión social de la obra de la autora austriaca, así como el hecho de limitarse a relatar lo acaecido en Madrid durante unos pocos días de otoño de 1936, provocan que en ella no exista la tentación de elaborar un relato panorámico de la guerra como el que plantea Barea y que, además, se describa el ambiente general del edificio de la Telefónica, mostrando cómo vivieron durante el asedio sus trabajadores, los corresponsales y los refugiados que se hacinaban en los sótanos.

Pese a que *Telefónica* oculta los nombres de sus protagonistas, y hace que Kulcsar aparezca bajo el nombre de Anita y Barea bajo el de Sánchez, la intensa y sólida relación amorosa que comenzaron durante la guerra y que les llevaría a instalarse juntos en el exilio londinense tras su desenlace es fácilmente reconocible, del mismo modo que la actividades que ambos tuvieron que desarrollar durante su trabajo en la Oficina de Prensa, a la que la autora se incorporó para aportar su don de lenguas –además de alemán y español, hablaba con fluidez inglés, francés, checo y húngaro– y su experiencia en los servicios de propaganda del Partido Socialista de su país. También las semblanzas de los personajes coinciden, haciendo así que, por ejemplo, el mismo estado de ansiedad y desgaste personal de Barea del que dan cuenta *La llama* y los testimonios de algunos corresponsales aparezcan en la obra, en la que se afirma que "aunque hubiese tenido un par de horas libres, o incluso si no hubiera estado prisionero de este trabajo, [Sánchez] no habría querido abandonar el edificio de la Telefónica (. . .). Aquí estaba el trabajo que mantenía a salvo su cordura. Afuera le invadían el miedo y la furia, su ciudad se había convertido en algo extraño y las personas, en seres incomprensibles. Todo esto era una locura, pensaba" (2019: 20).

La llama: una lectura inagotable

Además de exponer las numeras relaciones temáticas, argumentales e ideológicas que pueden establecerse entre *La llama* y otras obras de la literatura española y universal dedicadas a recrear, desde prismas ficcionales o autobiográficas, la Guerra Civil, las páginas precedentes han intentado demostrar el reduccionismo que supone interpretar la novela autobiográfica de Barea como una simple muestra de la literatura autobiográfica del exilio. Aunque es evidente que *La llama*, y toda la trilogía en la que se integra, comparte con obras de otros autores de la diáspora el tratamiento del pasado español y el afán por convertirse en un contradiscurso capaz de contrarrestar la versión histórica impuesta por el franquismo desde la óptica del realismo testimonial, también lo es que su valor cognitivo la convierte en un documento histórico fundamental para conocer la intrahistoria de la contienda bélica en Madrid. De ahí que más de siete décadas después de su composición, la obra siendo un referente ineludible capaz de, por un lado, servir como base intertextual para nuevos acercamientos literarios a la guerra y, por otro, ver enriquecida su interpretación histórica con la comparación de otros testimonios de personajes coetáneos con los que su autor compartió experiencias.

BIBLIOGRAFÍA CITADA

BAREA, Arturo. *La llama*. Madrid: Bibliotex, 2001.

BAREA, Arturo. *Cuentos completos*. Madrid: Debolsillo, 2007.

BAREA-KULCSAR, Ilse. *Telefónica*. Madrid. Hoja de Lata, 2019.

BENDER, Elzbieta. *Historia del relato y relato de la historia. La obra autobiográfica de Arturo Barea*. Lublin: Universidad Marie Curie, 2016.

BUCKLEY, Henry. *Vida y muerte de la República española*. Madrid: Espasa, 2004.

CASTILLO, Fernando. *Los años de Madridgrado*. Madrid: Fórcola, 2016.

CHAVES NOGALES, Manuel. *A sangre y fuego. Héroes, bestias y mártires de la guerra española*. Barcelona: Libros del Asteroide, 2011.

COX, Geoffrey. *La defensa de Madrid*. Madrid: Oberon, 2009.

DELMER, Sefton. *Trail Sinister*. Londres: Secker and Warburg, 1961.

DOS PASSOS, John. *Viajes de entreguerras*. Barcelona: Península, 2017.

LUNSFORD, Kern. *La forja de un rebelde de Arturo Barea: relato autobiográfico de las causas de la guerra civil*. Detroit: Universidad de Michigan [tesis doctoral], 1990.

MARRA-LÓPEZ, José Ramón. *Narrativa española fuera de España*, 1939–1961. Madrid: Guadarrama, 1963.

MARTÍNEZ, Josebe. "Hegemonía intelectual, exilio y continuidad histórica". *El exilio literario español de 1939: actas del Primer Congreso Internacional*. Ed. Manuel Aznar Soler. Bellaterra: Gexel, 1998. 325–333.

NAVAL, Mª Ángeles. *La novela de Vértice y la novela del sábado*. Madrid: CSIC, 2000.

PEDRO, Valentín de. *La vida por la opinión. Novela del asedio de Madrid*. Sevilla: Renacimiento, 2014.

RODRÍGUEZ RICHART, José. "Valor y miedo y La forja de un rebelde". *Anthropos*, 148, 1993. 72–76.

RUIZ MANTILLA, Jesús. "Muñoz Molina narra el drama del exilio en mil páginas". *El País*. 30.07.2009. <http://cultura.elpais.com/cultura/2009/07/30/actualidad/1248904803_850215.html>.

SÁNCHEZ ZAPATERO, Javier y Guzmán Mora, Jesús. "Guerra, compromiso y amor: de *La llama* (Arturo Barea, 1951) a *La noche de los tiempos* (Antonio Muñoz Molina, 2009)". *Estudios Humanísticos. Filología*, 37, 2015. 139–160.

SCOTT WATSON, Keith. *Rumbo hacia una España en guerra*. Salamanca: Amarú, 2014.

TORRES NEBRERA, Gregorio. *Las anudadas raíces de Arturo Barea*. Badajoz: Diputación de Badajoz, 2001.

TORRES NEBRERA, Gregorio. "Introducción". *La forja de un rebelde*. Arturo Barea. Mérida: Editora Regional de Extremadura, 2009.

VALENZUELA, Javier. *Pólvora, tabaco y cuero*. Madrid: editorial HUSO, 2019.

MARCO ANTONIO NÚÑEZ CANTOS

LA POÉTICA DE BUÑUEL. ENTRE LA PALABRA Y LA IMAGEN

«Les yeux clos par des lames de rasoir»

Benjamin Péret

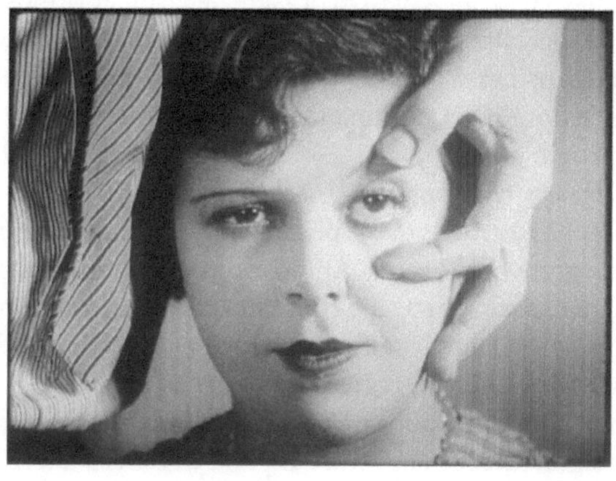

Entre Francia, México y España, entre una temprana vocación por las letras y el destino tardío de la imagen, entre un surrealismo público y el naturalismo menos obvio, Luis Buñuel (1900–1983) elaboró una estética a la que no fue ajena su condición itinerante, de inmigrante primero y exiliado más tarde. Pese a los avatares externos, el carácter personal de su producción no sufrió menoscabo y su estilo singular llegó a exceder cualquier filiación o etiqueta, algo que solo ocurre con los más grandes. Para definir con precisión la esencia de su poética, aquello que caracteriza a sus imágenes, el tumulto de sugerencias que su contenido evoca, debemos recurrir a un adjetivo derivado necesariamente de su nombre, a saber, «buñueliano».

La filmografía de Buñuel comprende tres periodos. Una etapa de militancia surrealista en Francia, durante la que apenas rueda tres filmes, pero en condiciones de máxima libertad. Tras quince años dedicado eventualmente a tareas de producción, retoma el oficio de cineasta a finales de los cuarenta en México, aceptando las condiciones más restrictivas de la industria ante la necesidad de lograr estabilidad económica tras años de errancia entre Francia y Estados Unidos. Con todo, encontró un alto grado de libertad y reconocimiento suficiente para ser recibido en Francia como un grande, mediada la década de los sesenta, en plena modernidad cinematográfica. Allí realiza el tramo final de su filmografía.

Buñuel siempre tuvo vocación de inmigrante (Buñuel, 2018), la España de los veinte seguía siendo un recinto demasiado estrecho para sus inquietudes, y en 1925 marchó a Francia. Su primera estancia en París fue en calidad de secretario de Eugenio d'Ors, representante de España en la Sociedad Internacional de Cooperación Internacional. Allí tuvo ocasión de visionar títulos de G.W. Pabst, F. W. Murnau y especialmente, *El acorazado Potemkin* (*Bronenosets Potyomkin*, 1925) de S.M. Eisenstein y *La muerte cansada* (*Der müde Tod,* 1921) de Fritz Lang. Impresionado por esta última, decidirá dedicarse al cine pese a su primera vocación como poeta.

En 1929 realiza *Un perro andaluz* (*Un chien andalou*), a la que seguirá *La edad de oro* (*L'Âge d'or,* 1930), títulos que le permitieron se acogido por el grupo surrealista comandado por André Breton. Ambos proyectos se realizan al margen de la industria, con financiación propia o contando con el capital de mecenas. Luego de pasar unos meses en Hollywood, contratado por la Metro Goldwyn-Mayer en compañía de Charles Chaplin, regresa a España en abril de1931 dos días antes de la proclamación de la República. Poco después realiza *Las Hurdes* (*Tierra sin pan*). Los años siguientes los pasa entre España y Francia, alternando proyectos junto a algunos de los miembros del grupo surrealista, con labores de productor en Madrid, donde le sorprende el alzamiento franquista. Desde septiembre de 1937 reside en Francia y en 1939 regresa a Hollywood como asesor histórico, para continuar su labor propagandística al servicio de la República; sin embargo, una orden de Washington prohibió toda película que abordara la guerra de España y se quedó sin empleo. Buñuel troca finalmente su condición de emigrante por la de exiliado en 1939, con la victoria de los nacionales. En Nueva York fue contratado por el Museo de Arte Moderno para seleccionar películas de propaganda antinazi, pero tras la publicación del libro autobiográfico de Dalí, *La vida secreta de Salvador Dalí,* el museo comenzó a recibir presiones de un comité católico. Posteriormente, un artículo que en una revista de cine lo identifica como el autor de *La edad de oro,* precipitó su dimisión. Regresa a Los Ángeles sin lograr poner en marcha ningún proyecto y será el azar el que le conduzca a México en 1946, donde al fin le ofrecen trabajo, será el filme *Gran Casino* (1950).

Podemos cifrar el fin del exilio el año 1960, tras veinticuatro años fuera de España. El Consulado español de París le concede el visado para regresar. En

Madrid conoce a Gustavo Alatriste, marido de Silvia Pinal, que le propone trabajar juntos. El fruto de su primera colaboración será *Viridiana* (1960) que se rueda en España por decisión de Alatriste, no por deseo de Buñuel, sabedor de los recelos que despertaría entre los exiliados republicanos en México. *Viridiana* resultó premiada en Cannes con la Palma de Oro, y provocó un escándalo que condujo a su prohibición en España y la destitución del Director General de Cinematografía, dejando claro a los que le acusaron de traición que Buñuel seguía siendo insobornable.

El exilio de las letras

El medio cinematográfico supuso en sí mismo una forma de exilio para Luis Buñuel. A Agustín Sánchez Vidal le confiesa que: «hubiera dado todo gustoso a cambio de poder ser escritor» (1984: 18). En cierto modo, el cine cifra el desarraigo de aquella vocación primigenia. Pese a ello, su talento a la hora de abordar el medio visual y sus posibilidades estéticas fue asombroso desde su primer filme, en conjunción con una precoz problematización de la relación con las imágenes que revierte en la toma de conciencia sobre el propio medio.

La literatura como artefacto verbal difiere del cine a la hora de construir significado. La asimetría entre el signo (representativo) y la imagen (presentativa), es decir, entre el elemento abstracto y convencional que por delegación remite a la ausencia del objeto, frente a la copia analógica, mimética, que establece la ilusión de presencia, parece condenar a priori la traducción[1] de un medio al otro. Sin embargo, sendas manifestaciones artísticas, pese a lo heterogéneo de su comercio con el significado, han estado estrechamente ligados desde que D.W. Griffith decidiera subordinar la imagen a la mecánica narrativa causal de la novela decimonónica[2]. Por su parte, el discurso fílmico de Buñuel se genera desde una tradición que debemos enraizar en su labor literaria como poeta. Además, su filiación a las vanguardias artísticas de la década de los veinte, contrarias a un género tan burgués como la novela, y la influencia de Ramón Gómez de la Serna, Benjamin Péret y Jean Epstein, motiva que sus primeros filmes se alejen de los cánones del realismo dickensiano consagrado por Griffith.

1 Creemos más adecuado el empleo del verbo «traducir», es decir, pasar e un lado al otro, de un código a otro, que «adaptar», ajustar una cosa a otra.

2 «En la construcción clásica de la historia, la causalidad es el primer principio unificador. Las analogías entre personajes, escenarios y situaciones están ciertamente presentes, pero, en el nivel denotativo, cualquier paralelismo se subordina al movimiento de causa y efecto» (Bordwell, 1996: 157).

Tanto a nivel del signo como del discurso Buñuel considera a la poesía como el equivalente más próximo al cine, lo que supone suprimir el privilegio del personaje y sus motivaciones psicológicas, la lucha por la resolución del conflicto o la consecución de unos objetivos específicos que se anudan a la lógica causal del relato. Es decir, preterir la narratividad en favor del lirismo, donde la objetividad declina en lo valorativo, lo connotativo, lo onírico, el núcleo terrible de lo Real, si lo formulamos en términos lacanianos, la asociación libre no reglada en su génesis por principios lógicos, aunque en su concreción en un texto (verbal o visual) no pueda sustraerse a los mismos.

La figura de Jean Epstein (1897–1953) y su romanticismo de sensibilidad próxima al surrealismo, será esencial en los años de formación de Buñuel como cineasta, al dispensar la base teórica que incorporará a sus primeras obras. Para el polaco el cine abre una dimensión de lo real que escapa a la razón en el momento de la recepción de las imágenes (Epstein, 2015). Si bien, los elementos a partir de los que el cine construye su discurso son extraídos del ámbito de la experiencia, en el proceso de reproducción y posterior proyección de la película, esos objetos concretos, vulgares, cotidianos, experimentan en su recepción un proceso de estilización, se desrealizan, devienen signo, su deixis posee la economía paradójica de señalar una ausencia y presentar espectros. De un modo casi taumatúrgico, se inviste al objeto de un sentido que trasciende su valor denotativo y activa la función poética del discurso. Este desplazamiento ontológico basta para horadar la narración sustentada sobre una mímesis ingenua según el modelo clásico consagrado por el cine norteamericano, y alterar el sentido del mensaje en analogía con el proceso de metaforización.

En la conferencia «El cine, instrumento de poesía», pronunciada en Ciudad de México en 1953 (Monegal, 1993), Buñuel se refiere al funcionamiento análogo en el lenguaje cinematográfico de recursos figurales presentes en sus textos. Una traducción trasvasa el texto literario a un código distinto, lo interpreta o lo recrea en un nuevo sistema de signos. Pese a todo, algunas de fórmulas poéticas más características de Buñuel, constituyen el sustrato sobre el que se cimienta su poética cinematográfica. Veamos un ejemplo extraído de su poemario *Un perro andaluz*[3]:

---

3 «*Un perro andaluz* era el título que iba a llevar un libro de poemas (y probablemente narraciones) de Buñuel con el que se supone que trataría de marcar su posición netamente en la palestra literaria del momento. De haberse publicado en su día (1927) hubiera supuesto una auténtica bomba por su inequívoca apuesta por un surrealismo sin concesiones» (Sánchez Vidal, 1984: 23).

El arco iris y la cataplasma
¿Cuántos maristas caben en una pasarela?
¿Cuatro o cinco?
¿Cuántas corcheas tiene un tenorio?
1.230.424
Esas preguntas son fáciles.

¿Una tecla es un piojo?
¿Me constiparé en los muslos de mi amante?
¿Excomulgará el Papa a las embarazadas?
¿Sabe cantar un policía?
¿Los hipopótamos son felices?
¿Los pederastas son marineros?
Y estas preguntas, ¿son también fáciles?

Dentro de unos instantes vendrá por la calle
dos salivas de la mano
conduciendo un colegio de niños sordomudos.

¿Sería descortés si yo les vomitara un piano
desde mi balcón?

La poesía de vanguardia tiende a difuminar los contornos entre el sujeto y el objeto. Mientras el hombre se cosifica, se atomiza; mientras el sujeto y sus funciones se dislocan; el objeto adquiere protagonismo, devine sensitivo, se inviste de voluntad. La técnica del *collage* es adecuada a cierta poética de la mutilación y el fragmento, que regula la economía de la paradoja contrapuesta a la mímesis, lo dispar se une y se desarticula lo parejo. Como ocurre en su cine, esta alteración del contenido semántico se produce de forma abrupta, sin transiciones. Se opta por la acumulación caótica de elementos, significados e imágenes se solapan en detrimento de la metáfora, tropo que Buñuel desprecia por demasiado sutil y sofisticado; en resumidas cuentas, intelectual. El impacto de la superposición y el encaje de palabras obligadas a ajustarse en el contexto, traducían mejor la brutalidad de una estética pulsional que lo aproxima ya al naturalismo.

Vemos que su poética da forma a una realidad donde el yo languidece moribundo y es necesario rasgar su ojo, suprimir la barrera entre lo exterior (el objeto y su verdad, la *adequatio* aristotélica que alienta toda mímesis) y lo interior (el mundo onírico del inconsciente donde lo lógico declina ante lo analógico). Un mecanismo habitual para conseguirlo es que el valor referencial de las palabras sea neutralizado en su empleo fuera del paradigma semántico correspondiente, a partir de asociaciones por mor de una lógica textual inmanente, algo frecuente en las vanguardias. De este modo, palabras de significados heterogéneos son combinadas en el eje sintagmático operando una transferencia semántica entre ellas fundada en relaciones de contigüidad, metonímicas. Si esta mecánica la trasladamos al medio audiovisual y procedemos a yuxtaponer realidades distantes, en virtud de una economía asociativa fundada en un principio irracional que suprima toda lógica causal, el desajuste entre la sintaxis (el montaje) y el significado (referente)[4], produce una usura en valor referencial en tanto que se deja de representar algo previo al mensaje. Ahora más bien «presenta», es decir, hace presente o dona la presencia en su mensaje, conquistando la autonomía que las vanguardias reclamarán para la obra de arte respecto de todo referente empírico.

La semiótica de la imagen

El signo lingüístico es arbitrario, el signo fílmico se apoya en la analogía perceptiva y consuma una fusión entre el significante y el significado, de ahí que la gramática del cine se pueda entender mejor como retórica en la medida en que denotación y connotación se muestran ligada en la composición misma del signo. Para Christian Metz (1973: 43) el cine carece de un léxico y de una gramática determinada. Lo que vulgarmente se llama gramática del cine solo son construcciones sintácticas que nacieron como recursos estilísticos y a posteriori se convencionalizaron. Considera el cine como un lenguaje sin sistema. El lenguaje cinematográfico opera una pluralidad de códigos, entre los que el movimiento sería un código específico mientras que los demás se importan de otros lenguajes artísticos. En el lenguaje fílmico confluyen cinco tipos de significantes, tres de carácter sonoro (palabra, música, ruidos) y dos de naturaleza visual (imagen fotográfica en movimiento y representación gráfica de la imagen). La imagen es un signo compuesto en el que convergen elementos diversos en yuxtaposición para generar significado. Por ejemplo, un significante sonoro como es el repicar de campanas, elemento recurrente en el idiolecto de Buñuel, deviene signo cuando los motivos religiosos se enlazan al reflejo de otro signo netamente visual, el objeto en sí, la campana, que en las secuencias oníricas de *Tristana* (1970) se inviste de los valores complementarios a partir la dialéctica que vertebra los sueños de la joven. De este modo, la campana pasa a formar parte de un entramado de relaciones significativas.

4 Gottlieb Frege identificaba el significado con la referencia, como toda la tradición posterior del empirismo lógico.

El código de reconocimiento analógico identifica el objeto, el badajo de una campana, pero también puede desencadenar en el espectador un código icónico secundario, y leer el objeto como un falo. En el sueño de Tristana el badajo será la cabeza de don Lope, anticipando el futuro de su tutor como amante. El eco de esta imagen turbadora resuena incluso en la secuencia final, cuando el contexto ya no sea sexual sino fúnebre, y se relacione, por un lado, con la amputación que sufre la joven y, por otro, con la muerte del viejo. El desplazamiento que se ha operado entre los valores eróticos y tanáticos de la figura está en correspondencia con el sistema de transferencias organizado mediante el desdoblamiento del discurso, comenzando por el plano de lo real y lo onírico. El contexto que dispensa el orden sintagmático del montaje cinematográfico es el elemento fundamental. Al sacar de contexto un objeto inanimado o una parte de la anatomía de un hombre o un animal, se mina su valor referencial, se desvirtúa como objeto y deviene signo. En el cine un objeto no es representado por delegación, por un emisario gráfico, sino que es reproducido, presentado en un discurso que elude la separación entre el signo y la cosa, y es en virtud de su potencia reproductora, mimética, la que permite al cine ocultar su propia naturaleza de lenguaje.

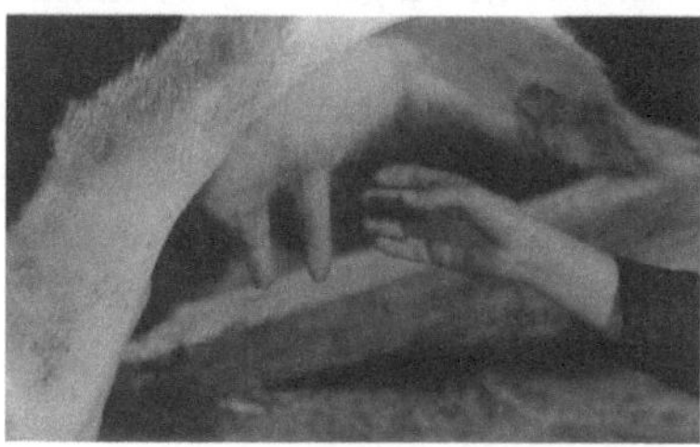

Epstein llamó «fotogenia» a lo que el cine añade a la fotografía y que es intrínsecamente cinematográfico. La fotogenia presta a los objetos apariencia de vida debido a su constitución como signos, opera la inscripción de la imagen como signo en un discurso en movimiento. Algo que emparenta el cine de Buñuel en la singular poética animista de Ramón Gómez de la Serna. Al ser focalizada su presencia en un primer plano, el objeto reclama una lectura privilegiada, la mirada taumatúrgica del objetivo humaniza los seres y las cosas.

Del surrealismo al naturalismo

Hemos visto el modo en que el medio cinematográfico consigue vulnerar su potencial mimético por medio del montaje, reinscribiendo los objetos en un plano semántico diverso e invistiéndolo de nuevas connotaciones en el proceso de lectura. Si bien la poética surrealista buscaba liberar lo inconsciente para reconciliarlo con una percepción de la realidad demasiado constreñida por las leyes lógicas, ese venero de creatividad se reveló como una entidad poco tranquilizadora. Ya se sabe, al final del sueño siempre aguarda un monstruo. Sin embargo, el núcleo oscuro del ser humano anidaba en el nervio mismo de la estética realista, apenas se raspó la fina pátina de urbanidad que recubría al hombre y los fundamentos biológicos emergieron. Fue el naturalismo.

Nos interesa ahora matizar que, mientras en literatura el realismo ha sido una constante estética a lo largo de la historia (Auerbach, 1987), cristaliza como fórmula en un momento concreto, el segundo tercio del siglo XIX, y en un género específico, la novela, debido a la confluencia de una serie de factores heterogéneos de carácter histórico (el fin del Antiguo Régimen), social (el triunfo de la burguesía), filosófico (el positivismo), científico (el darwinismo), etc. En el cine, por el contrario, en virtud de su potencia reproductora, el realismo fue casi un destino.

Tanto para Gilles Deleuze (2009) como para Fredric Jameson (2018), el realismo es el medio de la representación de las afecciones, algo que moviliza los sentidos, y, no obstante, en la medida en que *significa*, ya no es meramente sensación, sino alegoría. Lo vivido deviene inteligible, lo sensitivo, signo. Por otro lado, el naturalismo sobrepuja el ámbito de representación de las afecciones y deviene predio de las pulsiones, aquello donde lo simbólico declina y la alegoría es imposible.

Pero ¿qué es lo pulsional? Freud dijo que la pulsión era la gran mitología del psicoanálisis y solo se la puede definir negativamente. Lo pulsional no es el instinto, difiere de las necesidades biológicas en la medida en que no puede ser satisfecha. Tampoco apunta a un objeto, sino que gira obsesivamente en torno a él. La pulsión no se propone un objetivo ulterior a sí misma, es intransitiva, compulsiva, demoniaca. La pulsión y su objeto solo se manifiestan de forma indirecta, a través de elementos vicarios, a saber, el síntoma y el fetiche que configuran la imagen-pulsión. El objeto de la pulsión es siempre parcial o fetiche, de modo que la perversión que se percibe como desviación en realidad es una derivación de lo que Deleuze llama «mundo originario», un mundo previo al mundo del conocimiento y resistente a las posibilidades misma del discurso. El fetiche es un signo, pero no un signo que nombra sino uno que alude a un enunciado en el cual se dice la pulsión.

El naturalismo acentúa los rasgos del realismo, incidiendo en el extrañamiento de una realidad que resultaba familiar y deviene siniestra[5]. Su discurso integra dos órdenes. El primero, propio del realismo convencional privilegia la conciencia que rige la aprehensión del mundo desde una estructura causal y la organización lógica del discurso. El segundo se deja llevar por analogías entre lo humano y lo animal, recrea la actitud pulsional de los personajes y la lógica perversa de sus actos, retrata un mundo fragmentario de insertos, plagado de tullidos, estigmatizado por la marginación, atento a lo grotesco y una concepción del sexo recortada sobre un horizonte de muerte. Esta fragmentación reitera la desarticulación de un mundo no regido por ligaduras lógicas, por eso el espacio visual de la pulsión es el plano detalle, el inserto que cortocircuita la ilusión de continuidad del montaje clásico y orada el relato. La representación de este mundo de pulsiones comporta una estrategia discursiva que vulnera necesariamente el modo de representación institucional (MRI).

Buñuel es realista en la descripción, pero subvierte ese realismo al referir sus rasgos a un «mundo originario», pre-simbólico, el espacio de la pulsión o lugar primordial que habitan muchas de sus criaturas. En ocasiones adquiere la forma del salón burgués misteriosamente clausurado en *El ángel exterminador* (1961) o la catedral donde se reúnen en el epílogo del mismo filme, para celebrar el *Tedeum*. O los espacios de *El discreto encanto de la burguesía* (*Le Charme discret de la bourgeoisie*, 1972) donde se impide el acontecimiento que en ellos se espera, es decir, la cena. La perversión como desviación de la norma y las conductas compulsivas, gratuitas están presentes en *Nazarín* (1959) donde se produce una

5 Para la relación entre los conceptos *Heimlich* y *Unheimlich* en la estética ver Trías, 2016.

continua asimetría entre las intenciones bienintencionadas, pero necias del cura, y el resultado catastrófico de las consecuencias de sus acciones, en lo que parece ser una sangrante parodia de la ética del deber kantiana. La subida en zigzag de las escaleras de Francisco en *Él* (1952), o su golpeo monótono de los barrotes de la barandilla, funcionan como una metáfora porque condensan la representación del síntoma en una figura cuyo sentido no es totalmente saturable. En sí mismo este gesto carece de rasgos referenciales fuera del discurso que elabora el síntoma, la paranoia y la consiguiente locura del celoso Francisco.

En *Diario de una camarera* (*Le journal d'une femme de chambre*, 1964), los botines están metonímicamente asociados al objeto de la pulsión, la mujer. Célestine y el botín mantienen una relación metonímica generada por el discurso, pero no por en el deseo de Rabour, puesto que su deseo apunta al botín y no a ella. El deseo articula un singular quiasmo, el objeto calza el pie y no el pie al objeto.

El destino de la pulsión es apoderarse con violencia de todo lo que puede. La invasión de los pobres de la casa de don Jorge en *Viridiana* o de los invitados de los anfitriones de *El ángel exterminador*, presentan el mismo fin, arrancar pedazos, acumular deshechos, reunirse en la pulsión de muerte. Las buenas obras de Nazarín no cesan de apresurar la destrucción del mundo, Viridiana actúa solo por la propia conciencia de inutilidad inherente a las pulsiones de bien. En el paradigma de los personajes beatíficos que establecen Nazarín y Viridiana, encontramos reunidos los dos polos del fetiche, fetiches sagrados y fetiches del crimen o el sexo, fetiches de la transgresión.

Podemos concluir que Buñuel concilia dos de las poéticas contemporáneas más potentes por su poder revulsivo y rendimiento estético, el naturalismo y el surrealismo, para solicitar el conservadurismo realista y una cierta concepción inmovilista y burguesa de la realidad, sin pretender bosquejar una solución ética o política encabalgada sobre el plácido lomo de una estética lúdica, moderadamente transgresora o gamberra, sino para advertir sin énfasis ni dramatismo acerca de los nada tranquilizadores destinos de la pulsión.

BIBLIOGRAFÍA CITADA

AUERBACH, Erich. *Mímesis*. México, Fondo de Cultura Económica, 1987.

BORDWELL, David. *La narración en el cine de ficción*. Barcelona: Paidós, 1996.

BUÑUEL, Luis, *Mi último suspiro*. Barcelona: Penguin Random House, 2018.

DELEUZE, Giles. *La imagen-movimiento*, Barcelona: Paidós, 2009.

EPSTEIN, Jean. *La inteligencia de una máquina*. Buenos Aires: Cactus, 2015.

JAMESON, Fredric, *Las antinomias del realismo*. Madrid: Akal, 2018.

METZ, Christian. *Lenguaje y cine* Barcelona: Planeta, 1973.

MONEGAL, Antonio. *Luis Buñuel, de la literatura al cine. Una poética del objeto*, Barcelona: Anthropos, 1993.

SÁNCHEZ Vidal, Agustín. *Luis Buñuel: Obra cinematográfica*. Madrid: JC, 1984.

TRÍAS, Eugenio. *Lo bello y lo siniestro*, Barcelona: Debolsillo, 2016.

CELIA FABA DURÁN

Universidad Complutense de Madrid

LOS TRABAJOS DEL EXILIO: *NUESTRO HOGAR DE CADA DÍA*, DE MARÍA TERESA LEÓN

María Teresa León y los trabajos del exilio

A lo largo de los más de cuarenta años que María Teresa León permaneció en el exilio, primero en Francia, luego en Argentina y, por último, en Italia, realizó diferentes trabajos que fueron el principal sustento de la familia León-Alberti. Su participación, como guionista, en, al menos, tres producciones cinematográficas—*Los ojos más lindos del mundo* (1943); *La dama duende* (1945), y *El gran amor de Gustavo Adolfo Bécquer* (1946) —, en las que la presencia de los actores exiliados republicanos fue elevada, es, quizá, la faceta más conocida de los trabajos alejados, a priori, de la literatura que María Teresa León llevó a cabo.

No obstante, el cine no fue el único acercamiento que hizo la autora riojana a los medios de masas, pues buena parte de su actividad no literaria durante el exilio estuvo ligada a las ondas radiofónicas. Durante casi veinte años, María Teresa León trabajó en diferentes emisoras, primero en Radio El Mundo y, más tarde, en Radio Splendid y Radio Belgrano, lo que favoreció que adquiriera visibilidad y que sus ingresos económicos aumentasen sustancialmente. *Charlas de María Teresa León*, espacio radiofónico emitido entre octubre de 1942 y mediados de 1943, contó con un gran número de seguidores dentro del exilio republicano en la capital argentina, tal como lo refleja Dora Schwarzstein en su libro *Entre Franco y Perón Memoria e identidad del exilio republicano español en Argentina:* «Durante la década de 1940 en el Iberia [café] se subía el volumen de la radio y se escuchaban las *Charlas de María Teresa León*. María Teresa recitaba poesías suyas, de Rafael Alberti, de García Lorca y hablaba sobre la Guerra Civil, primero por Radio El Mundo y luego por Splendid.» (2001: 158).

En ese breve espacio de tiempo combinaba en sus textos, que «eran claros, limpios, breves, amenos y pensados esencialmente para un público femenino» (Ferris, 2017: 277), la literatura y la historia con temas menos culturales, como la moda y los consejos para el hogar. Sin embargo, la fortuna no quiso que esta situación se prolongara demasiado, ya que la llegada al gobierno del general Perón supuso para ellos numerosos cambios en su vida. En primer lugar, María Teresa vio cómo su ejercicio profesional se veía alterado por la instauración de la censura, hecho que motivo su salida de la radio y, por lo tanto, un considerable perjuicio para sus finanzas; en segundo lugar, a partir de ese momento estuvieron bajo sospecha para las autoridades políticas durante algún tiempo, lo que provocó que en el año 1963 pusieran rumbo a su tercer exilio, en Roma. En *Memoria de la melancolía*, León recuerda del siguiente modo la incertidumbre que sentía al ver cómo sus opciones laborales se reducían a consecuencia de la persecución ideológica del régimen peronista: «Se acabó la radio, se acabó la televisión, el cine... Y ahora ¿qué hacemos? Únicamente un amigo sostuvo mi nombre contra viento y marea en una revista, *Mucho Gusto*, para las amas de casa. Jacobo Muchnik había sido mi dador de trabajo en estas aventuras. A él le debo haberme familiarizado con el público que oye, mira y atiende» (León, 1998: 458).

Tras la prohibición de la emisión de su programa de radio, su amigo, el editor Jacobo Muchnik, le ofreció una colaboración en la revista femenina *Mucho Gusto*, un compendio de consejos sobre el hogar y recetas de cocina. Esta publicación periódica tuvo su correlato en la televisión con *Buenas tardes, mucho gusto*, un «teleprograma para el hogar [...] planeado para una clase de mujer que pasaba mucho tiempo dentro de la casa, dedicado a su hogar, y para la que la televisión se ofrecía como ventana de conocimientos. La familia Muchnik, antes de llegar a este ciclo [...] había editado la revista *Mucho Gusto*» (Itkin, Sirven y Ulanovsky, 2006: 169). A pesar de que buena parte de los estudiosos de la trayectoria vital y literaria de María Teresa León destacan su participación en el espacio televisivo de Canal 13, no ha sido posible encontrar ninguna referencia que atestigüe dichas afirmaciones.

Nuestro hogar de cada día o cómo transmitir la cultura mientras se proporcionan consejos para el hogar

No cabe duda de que *Nuestro hogar de cada día* es una obra peculiar dentro de la trayectoria intelectual y vital de María Teresa León, pues no es estrictamente literaria y muestra una visión de la mujer más próxima al ángel del hogar que a la *femme de lettres* que ella fue. Sin embargo, las razones que llevaron a la escritora riojana a escribir este texto fueron de carácter económico, ya que como se ha referido anteriormente, la persecución política que sufrieron limitó notablemente su economía. La participación en este tipo de empresas editoriales fue un fenómeno habitual entre las intelectuales exiliadas, como señala Pilar Domínguez Prats en su obra *Voces del exilio. Mujeres españolas en México 1939–1950*:

> La trayectoria profesional de las escritoras que salieron de España en edad adulta estuvo condicionada en gran parte por su formación autodidacta; aún a pesar de que

> bastantes de ellas pertenecían a las clases altas de la sociedad española, solo habían recibido educación de "señorita". [. . .] En relación con este y otros factores, muchas escritoras tendieron a situarse en los medios de comunicación en relación con las mismas mujeres: escribían novela rosa y artículos para revistas femeninas y dirigen programas femeninos en la radio, como hizo Mercedes Pinto. [. . .] Esta especialización seguramente no fue escogida por ellas, sino que se encontraron con más posibilidades de trabajo en los medios de comunicación dirigidos a las mujeres; aunque su dedicación a ello fue coyuntural y parcial, puede decirse que les restó influencia social al colocarse en un ambiente literario minusvalorado. (Domínguez Prats, 1994: 204)

Así pues, los medios de comunicación de masas fueron una salida laboral muy rentable para estas mujeres. En el caso del matrimonio León-Alberti, ambos colaboraron en distintas publicaciones periódicas en varios países de América del Sur, aunque, no obstante, fue María Teresa quien alternó los artículos en prensa con la radio, el cine y la televisión, constituyéndose como el sostén económico de la familia. Al respecto de esta última afirmación se pronuncia Domínguez Prats cuando sostiene que «a pesar de ser conceptuado como ingreso complementario, lo que ganaba la mujer era, a veces, el primer dinero que entraba en la casa. Si no, era desde luego la aportación fundamental» (1994: 172).

Estas circunstancias de precariedad económica y de señalamiento político fueron determinantes para que León aceptara el encargo de Jacobo Muchnik, con el que ya había publicado *Sonríe china* (Jacobo Muchnik editor, 1958) y *Poesía china* (Compañía General Fabril Editora, 19), y mantenía una colaboración periódica en la revista *Mucho Gusto*. De este modo, en 1958 vio la luz *Nuestro hogar de cada día. Breviario para la mujer de su casa*, dentro de la colección «Mucho Gusto» del sello editorial Compañía General Fabril Editora, que, hablando en términos actuales, se convirtió en un *best-seller*. Gracias a la abundante documentación personal y profesional del matrimonio León-Alberti que se custodia en el Centro Generación del 27 de Málaga, hemos podido comprobar que el volumen de ventas y la sucesión de las ediciones de la obra fueron notables. Si se comparan las liquidaciones, recibos y adelantos de las publicaciones editadas por la Compañía General Fabril Editora, se comprueba fácilmente que esta obra de la escritora riojana vendió más de 10.000 ejemplares repartidos en, al menos, tres ediciones, lo que supuso unas ganancias cercanas a los 90.000 pesos argentinos. Por el contrario, si se estudian las ventas de *La arboleda perdida* de Alberti y el libro conjunto *Sonríe china* se percibe que son considerablemente inferiores en cantidad y en ingresos a las obtenidas por María Teresa León, con menos de 600 ejemplares —5.206 pesos— la primera y menos de 1.000 libros vendidos —22.324 pesos— la segunda.

La obra se divide en diez bloques, antecedidos de una introducción y seguidos de un índice alfabético, cada uno de los cuales siguen la siguiente estructura: relato breve; páginas con consejos; poema, y, de nuevo, páginas con consejos. No obstante, este esquema no es totalmente fijo, pues con frecuencia León introduce más poemas y más páginas de consejos –bloques 3, 5, 7, 9 y 10– para prolongar la extensión del breviario. Esta distribución del texto, que busca facilitar la consulta del ejemplar, se ve reforzada por el objeto del libro: un compendio de saberes que faciliten a la mujer el desempeño de las tareas domésticas. León cumple a la perfección con este fin, pero, sin cejar en su empeño de instruir a las mujeres en la cultura, poniendo especial atención a la literatura. De ese modo, el relato que encabeza cada uno de los bloques intenta, a través de una delicada prosa, extenderse con profundidad en cuestiones que no se abordan con detenimiento en los consejos. Un ejemplo de ello es "El esplendor de la belleza", en donde transmite un nuevo sentido de la belleza y la feminidad que ya ha superado la época de las mujeres fatales, apostando por «el buen gusto y la personalidad» (León, 1961: 169) para abarcar «a tantas mujeres felices como la nuestra en que todas son llamadas, casi sin excepción, al banquete de la hermosura» (169). También es interesante la reflexión que la autora plantea en "Defensa de la alegría", donde critica a aquellas personas que se entrometen en el gobierno femenino del hogar y de la crianza de los hijos: « [. . .] y es que creo que nadie tiene el derecho de quitarnos esos momentos felices en que exclamamos interiormente: ¡qué no se acabe nunca!» (40).

La introducción a *Nuestro hogar de cada día* permite escuchar directamente a María Teresa León, quien reconoce sus, hasta entonces, escasos conocimientos en las materias de hogar, algo verosímil en una mujer de su misma trayectoria vital, a pesar de que hubiera sido instruida para gobernar su casa y educar primorosamente a sus hijos. Así, en el siguiente fragmento se percibe esa dualidad — «los antiguos decían que el hogar era el reino de la mujer y aquello olía a confinamiento de serrallo» (León, 1961: 8) —, la de quien concibe el libro de consejos como algo entretenido, pero que, al mismo tiempo, da soluciones útiles para el ama de casa:

> [. . .] Quien lo ha escrito sabe por experiencia mucho menos que tú, pero ha tenido la paciencia de ir recopilando lo disperso sobre esta materia para dártelo. ¡Tantas veces necesité yo de una mano que me ayudara! [. . .] Siempre quise encontrar un báculo para solucionar tantas sorpresas domésticas como nos saltan diariamente entre los pies, preparadas -estoy segura- por esos seres elementales que se nos quedaron en el trasmundo de los cuentos, metidos en los resquicios del hogar y en el brillo de las cacerolas. Y no encontrándolo a mano en algún libro de fácil manejo me dediqué

> a fabricarlo a medida de mi deseo, echando de todo un poco, pidiendo ayuda a los doctos, tratando de decirme que por decir: doméstico, no tenía que ser mi libro ni subalterno ni aburrido. (León, 1961: 8–9)

En el extracto que se presenta a continuación, la autora riojana da la clave del libro: proporcionar consejos que faciliten la realización de las tareas del hogar combinado con el docere-delectare: «Cuanto aquí encuentres viene de la tradición doméstica de varios países, es la experiencia de años o siglos. También encontrarás, a modo de bancos de jardín donde descansar tus preocupaciones, todo lo que se me ha ido ocurriendo -poesías, biografías, etc.- podía entretenerte» (León, 1961: 9–10),

En los cuadernos de trabajo que se conservan de María Teresa León en el citado archivo se aprecia cómo la autora riojana agrupaba por materias las secciones y los temas que iba a tratar en cada número de la revista Mucho gusto, procedimiento que se asemeja al proceder de *Nuestro hogar de cada día*. El grueso del breviario lo constituyen las páginas de consejos –28 secciones de consejos en el total de la obra– se clasifican en 10 categorías, que León señala con un pequeño dibujo relativo a la materia abordada:

- Cruz: salud, higiene, primeros auxilios.
- Libro: citas, recomendaciones literarias, apuntes sobre autores.
- Plumero: limpieza del hogar y recomendaciones.
- Cuchara y tenedor cruzados: recetas de cocina, trucos, información sobre alimentos.
- Estrella: citas célebres, personajes históricos, temas variados.
- Niño: puericultura y educación infantil.
- Cabeza de mujer: biografías y citas de mujeres célebres.
- Ramo de flores: botánica, labores.
- Cubitera con botellas: modales, buenas costumbres y usos sociales.
- Cuerpo de mujer: belleza, feminidad.

Uno de los mayores atractivos del libro es la extraordinaria capacidad de la autora de alternar temas sin apenas inmutarse: los «bancos de jardín» se suceden a las recomendaciones sobre cómo curar el dolor de muelas con «un algodoncito embebido en una solución de cocaína» (León, 1961: 218). Los descansos que propone León a lo largo del volumen, y que más interés tienen para este estudio porque muestran su intención educadora, son literarios y biográficos, marcados por el libro y la cabeza de mujer, respectivamente. Los consejos literarios se reparten en citas de autores («Marcel Proust ha dicho. . .»; «Balzac ha dicho. . .») y las sugerencias de lecturas que deben hacerse teniendo en cuenta el contexto de lectura. Sirva como botón de muestra los poemarios que propone leer de los que extrae poemas con los que ilustra el libro:

> Alguna vez debes tener en tus manos un libro de poemas. No siempre, porque tampoco llevamos constantemente flores, pero si abres las *Rimas* de Bécquer no te creas anticuada. O *Todo el amor* de Pablo Neruda. O *Antología poética* de Juan Ramón Jiménez. O *Retornos de lo vivo lejano*, de Rafael Alberti. O *El son entero* de Nicolás Guillén. O *Corazón del oeste* de Vicente Barbieri. O *Canto ciego* de Fryda Schultz de Mantovani. O el *Romancero gitano* de Federico García Lorca. O *Tiempo de amor perdido* de González Carbalho. O *Veinte poemas para leer en el tranvía* de Oliverio Girondo. O *Las estrellas* de Francisco Luis Bernárdez... En estos puntos suspensivos quedan los muchos grandes poetas del mundo. Y trata de no olvidar a Lugones, Enrique Banchs, Alfonsina Storni, Ricardo Molinari. Ni a los jóvenes poetas argentinos, caminantes por la estrecha senda lírica, esperando que les llame la Gloria. (León, 1961: 56)

Entre las novelas que aconseja se encuentran *Guerra y paz*, *Ana Karenina*, *María* de Jorge Isaacs; en teatro se decanta por los textos de Eurípides, Sófocles, Lope de Vega, Calderón, Molière y Shakespeare. Igualmente, alienta a las mujeres para que descubran las literaturas hispanoamericanas («En tu biblioteca, amiga mía, no deben faltar: *Don Segundo Sombra* de Ricardo Güiraldes; *Cuentos de la selva*, de Horacio Quiroga; [...]; *El estanque*, de Estela Canto. Si de verdad te interesa la literatura de tu país, puedes leer dos libros más difíciles: *Facundo*, de Domingo Faustino Sarmiento y *Radiografía de la Pampa*, de Ezequiel Martínez Estrada» 1961: 101), una idea que repetirá en los poemas que selecciona para reforzar la estructura de la obra. León, asimismo, sugiere una serie de novelas que son recomendables regalar («¿Tienes que hacer un regalo? Pues regala un libro» León, 1961: 147), como *El viejo y el mar*, de Ernst Hemingway o *La dama de las camelias*, de Dumas, de las que hace comentarios elogiosos. Por último, destacan los libros que tienen que prescribir a los hijos, ávidos lectores:

> ¿Y tu hijo mayor? Ese devora libros como la langosta cosechas. ¿No le has regalado aún *Colmillo blanco* y todas las conmovedoras historias de Jack London? Seguramente habrá leído *El libro de las selvas vírgenes*, de Rudyard Kipling; pues dale tú los libros de Mark Twain: *Las aventuras de Tom Sawyer* o *Las aventuras de Huckleberry Finn*. ¿Y de la Argentina? ¿Trabó conocimiento con William Henry Hudson, el inglés que nació en la Pampa? Su libro: *Allá lejos y hace tiempo*, sus historias de pájaros y sus *Mansiones verdes* deben estar en su biblioteca juvenil. Tampoco olvides *Platero y yo*, de Juan Ramón Jiménez. (León, 1961: 263)

Las mujeres que María Teresa León selecciona para reseñar sus vidas forman un conjunto heterogéneo de personalidades y profesiones que muestran la determinación, la valentía y la lucha femenina a lo largo de la historia. Una de estas mujeres es Teresa de Ávila, de la que resalta «su vida militante, activa, reformadora y sus obras, como contraste, no hablan más que de la contemplación de Dios. [. . .] Alcanza la talla de los grandes escritores de España, pero su prosa es la que habla el pueblo de Castilla, espontánea, clara» (León, 1961: 51). También la escritora dedica elogiosas palabras a Isabel la Católica, a la cual reconoce su valía, a pesar de su ferviente republicanismo:

> De todas las reinas del mundo, Isabel de Castilla es la reina por excelencia. [. . .] El continente americano nace de esa confianza que, en los sueños de un navegante, casi desconocido, tuvo una mujer. En su testamento la reina Isabel habla tanto y recomienda tanto estas tierras y sus habitantes, que resulta conmovedor pensarla a punto de morir, con los ojos llenos de los paisajes maravillosos que los cuentos de los viajeros contaron a su alma. (León, 1961: 147)

María Teresa León no podía hacer estas reseñas de las trayectorias vitales de mujeres célebres sin hacer hincapié en la vida de una mujer que la inspiró profundamente para escribir algunos de sus obras: George Sand. La admiración que sintió por la novelista francesa se trasluce en las líneas que le dedica, en las que pone especial énfasis en su adelantada mentalidad:

> George Sand, Aurora Dupin, nace con un siglo de adelanto. En 1956 a nadie se le hubiera ocurrido criticar su afición por vestir pantalones y alternar con los poetas y los músicos. Hasta sus aventuras nos parecen hoy un poco demasiado maternales. Musset y Chopin son como dos hijos de esta apasionada señora, que tiene una gran casa de Nohant, donde recibe a sus amigos artistas y se enamora de los más débiles. Sus novelas Indiana, Lelia y Consuelo buscan solucionar el problema de la mujer, encadenada a los prejuicios sociales, imposibilitada por padres, tutores y hermanos, de dejar de hablar a su corazón. (León, 1961: 268)

Por último, se van a abordar brevemente los poemas que María Teresa León selecciona para amenizar la lectura del breviario. El corpus de poemas seleccionado asciende a 18 textos de diferentes épocas y latitudes, pues se combinan a los principales poetas españoles con autores hispanoamericanos, como Neruda, Nicolás Guillén, Alfonsina Storni o Rubén Darío. Cabe destacar el predominio de los poetas americanos frente a los europeos por razones más que lógicas: la obra estaba destinada a las mujeres del Cono Sur, que tenían un mayor conocimiento de los escritores de su tierra más que de los españoles. No obstante, León decide incluir una representación muy significativa de la poesía española con el fin de instruir a sus lectores en nuestras letras: el "Soneto XXIII" de Garcilaso de la Vega, "Te me mueres de casta y sencilla" de Miguel Hernández, "Madre" de Juan Ramón Jiménez, "Es verdad" de F. G. Lorca, "Por qué tienes nombre tú" de Pedro Salinas y "Rosa de fuego" de Antonio Machado. También merece mención la selección, nada despreciable, que hace la autora riojana de poetas hispanoamericanas: Alfonsina Storni, Silvina Ocampo, Sor Juana Inés de la Cruz, Gabriela Mistral y, la inglesa, Elizabeth Barret, estas dos últimas poetas ya habían sido mencionadas en sus consejos.

Conclusiones

Nuestro hogar de cada día. Breviario de la mujer de su casa se presenta como un libro inusual dentro de la carrera literaria de María Teresa León, más acostumbrada a escribir cuentos, novelas, teatro o guiones de radio que sobre las tareas del hogar. No obstante, y a pesar de haber sido duramente criticada en los años 70 por haber escrito este texto que se consideró contrario al feminismo que ella siempre había practicado, supo aprovechar las circunstancias de precariedad económica para dirigirse directamente a sus congéneres, introducirlas e interesarlas por la literatura y, sobre todo, por la trayectoria vital de otras mujeres. Reducir *Nuestro hogar de cada día* a un simple recetario de consejos para el ama de casa es simplificar el contexto de creación de la obra y caer en el error de creer que León solo quiso proporcionar trucos para educar al marido e hijos, pues el breviario supera estos prejuicios mediante una ingeniosa combinación de saberes con el objetivo de instruir y fomentar en la mujer en lo verdaderamente importante: el desarrollo del pensamiento crítico a través de la lectura.

BIBLIOGRAFÍA CITADA

Domínguez Prats, Pilar. *Voces del exilio. Mujeres españolas en México 1939–1950.* Madrid: Instituto de Investigaciones Feministas de la Universidad Complutense de Madrid, 1994.

Ferris, José Luis. *Palabras contra el olvido. Vida y obra de María Teresa León (1903–1988).* Sevilla: Fundación José Manuel Lara, 2017.

León, María Teresa. *Cuadernos de trabajo*, Caja 2: Documentos varios. Cuadernos de trabajo, Centro Generación del 27: Málaga, s.d.

León, María Teresa. *Nuestro hogar de cada día: Breviario para la mujer de su casa*. Buenos Aires: Compañía General Fabril Editora, 1961, 3ºed.

León, María Teresa. *Memoria de la melancolía*. Madrid: Castalia. 1998.

Liquidaciones, recibos de adelantos y correspondencia de oficio entre la Compañía General Fabril Editora y Rafael Alberti y Mª Teresa León, por las publicaciones de varias obras de esa editorial entre los años 1958 y 1962. D.A.G. 27/C.17. Centro Cultural Generación del 27: Málaga.

Schwarzstein, Dora. *Entre Franco y Perón Memoria e identidad del exilio republicano español en Argentina.* Barcelona: Crítica, 2001.

Ulanovsky, Carlos y Silvia Itkin. *Estamos en el aire: Una historia de la televisión en la Argentina.* Buenos Aires: Emecé, 2006.

ISABEL ÁLVAREZ SANCHO

Oklahoma State University

LA GEOGRAFÍA HISTÓRICA DE MARÍA TERESA LEÓN EN *MEMORIA DE LA MELANCOLÍA*

Una de las escenas más emotivas de *Memoria de la melancolía*, la autobiografía de María Teresa León que Gregorio Torres Nebrera edita y califica de texto clave y síntesis de su obra, ocurre en el momento en el que León, junto con Rafael Alberti y otros políticos republicanos, aterriza en Orán después de abandonar España en 1939 rumbo al que sería un largo exilio[1]. León narra la confusión de los primeros momentos y su conversación con un oficial que le quita la pistola y les ordena esperar. Durante esa espera, en presencia del oficial extranjero, lanza una pregunta retórica, o al menos de destinatario ambiguo, "¿Que cómo es España?" (León, 1998: 364). Su respuesta, que parece tanto una reflexión personal como una explicación al mundo de su situación en los primeros minutos de su exilio, es una cita de la *Estoria de España* de Alfonso X el Sabio, específicamente un fragmento de la *Laus Hispaniae* (o elogio de España), que dice:

> España es abundante de mieses, viciosa de pescados, sabrosa de leche y de todas las cosas que se hacen de ella, llena de venados y caza, cubierta de ganados, plena de caballos, provechosa de mulos, segura y fuerte de castillos, alegre de vinos, holgada de abundamiento de pan, rica de metales, plomo, estaño, de argento vivo, de hierro, de arambre, de plata, de oro, de piedras preciosas, de sales de mar y de salinas de la tierra, briosa de sirgo y de quantas cosa se hacen de él, dulce de miel y azúcar, alumbrada de cera, cumplida de óleo, alegre de azafrán. Pues bien, este reino tan noble, tan rico, tan poderoso, tan honorado fue derramado y estregado en una revuelta de los de su

1 *Memoria de la melancolía* fue compuesta, según Torres Nebrera, entre los años 1966 y 1968, durante el exilio romano de su autora (Torres Nebrera, 1998: 46–49) y publicada por primera vez en 1970 por la editorial argentina Losada. Torres Nebrera, catedrático de la Universidad de Extremadura y uno de los mayores expertos en la obra de María Teresa León, publica la primera edición crítica de su autobiografía para la editorial Castalia en 1998. Las citas del presente trabajo provienen de la edición de Torres Nebrera.

> tierra que tornaron sus espadas unos contra otros, como si les mandasen enemigos, e perdieron todo[2]. (León, 1998: 364–5)

Después de esta cita, León explica que los españoles actuales se reconocen en el lamento alfonsí del siglo XIII, e, inmediatamente, sin cambiar de párrafo, prosigue con una demanda más mundana: "Ahora, dígame: ¿Puedo mandar un telegrama a París? Es para Louis Aragon" (León, 1998: 365).

La *Laus Hispaniae* es un subgénero importante para la historiografía medieval, y es muy plausible que sus connotaciones estuvieran muy presentes para la autora de *Memoria de la melancolía*. León es sobrina de los medievalistas María Goyri y Ramón Menéndez Pidal, quienes influyeron en su educación, y dos de sus obras, las biografías noveladas del Cid y Doña Jimena, tituladas, respectivamente, *Don Rodrigo Díaz de Vivar, El Cid Campeador* y *Doña Jimena Díaz de Vivar, gran señora de todos los deberes*, demuestran su familiaridad con personajes y temas medievales. En *Memoria de la melancolía*, cuando se acuerda de haber jugado al tenis con un estudiante de su tío llamado Américo Castro, confiesa que lo recuerda ahora cuando lee sus obras, y, en *La realidad histórica de España*, Castro analiza las significaciones de la *Laus Hispaniae* (Castro, 1962: 161). Además, las palabras de la *Laus Hispaniae* que León incorpora en *Memoria de la melancolía*, que parecen sacadas de la edición de la *Estoria de España* de Alfonso X de su tío Menéndez Pidal (a quién él titula *Primera crónica general de España*), no solo aparecen en esta obra: fragmentos de la *Laus* también se encuentran en otros dos de sus textos: *La historia tiene la palabra* (León, 1977: 19) y *Contra viento y marea* (León, 2010: 301).

En *Memoria de la melancolía*, León conserva los varios sentidos en que la *Laus Hispaniae* ha sido usada por autores medievales, y no solo Alfonso X. Como para Isidoro de Sevilla, el primero que la incluye en el siglo VII en el prólogo de su *Historia de los Reyes Godos* (considerada la primera historia de España, o Hispania, como entidad independiente), es una alabanza a una tierra ideal que merece un gobierno ideal (que para Isidoro son los godos, y para León, los republicanos), y este elogio encierra una invocación a la unidad moral de España unida a un acicate a la acción futura que debe preservar su gloria. Además, como para otros autores del siglo XIII que han reapropiado las palabras de Isidoro, como Rodrigo Jiménez de Rada (en *De rebus Hispaniae*) o el propio Alfonso X, se añade el significado de lamento por un territorio perdido.

---

2 Como puntualiza Torres Nebrera, la última frase de esta cita ha sido transcrita un poco a la ligera, y en el original no aparece unida a lo anterior, sino que entre los dos segmentos hay un salto de veinte líneas (Torres Nebrera, 1998: 365).

Alfonso, en lugar de situar su *Laus* en el prólogo, como hace Isidoro, para unir la tierra ideal al gobierno ideal que describe después, la incorpora en el medio de su texto, en el momento en el que los musulmanes conquistan la península, con lo que, a los significados anteriores, se agrega el de la queja por la pérdida. León, que en su obra *La historia tiene la palabra* había incorporado la *Laus* al principio, como hace Isidoro, aquí, al servirse de ella en el momento en el que llegan al exilio, la usa para enfatizar el lamento a la manera de Alfonso X y de otros autores del s. XIII, aunque el texto seguiría despertando los significados anteriores[3].

Por otro lado, esta técnica literaria, que denomino "geografía histórica", consistente en describir España a través de una referencia histórica (no siempre medieval), que puede ser glosada o no, y prontamente volver al presente, es un recurso usado con frecuencia a lo largo de *Memoria de la melancolía* cuando se describe la geografía española. Esta estrategia, en el fragmento anteriormente citado, no solo reactiva los significados de la *Laus Hispaniae* (presentar un territorio ideal unido a unos gobernantes ideales, resaltar la unidad de España, invocar al futuro, y lamentarse por una tierra perdida) sino que también establece una profunda conexión, metafórica y metonímica, entre el Rey Alfonso X u otros personajes históricos, la tierra, y los exiliados. A la vez se señalan, implícita o explícitamente, aquellos que no se consideran parte de la historia de España. De la misma manera que ocurre en este ejemplo, y como analizaré más abajo, geografía e historia se unen en las descripciones de distintos lugares, que se relacionan con diversas fuentes históricas y finalmente con su protagonista, para establecer un vínculo de legitimidad entre los exiliados y la tierra e historia española.

Algunos estudiosos han subrayado la importancia de la intrahistoria para León (Torres Nebrera, 1996; Estébanez Gil, 1995), han analizado *Memoria de la melancolía* a través de sus vicisitudes como mujer, exiliada y compañera de Alberti (Ugarte, 1998; Pope, 1991; López, 2004), o, más recientemente, algunas obras de teatro han recuperado su vida y contemplado su futura enfermedad de Alzheimer como un símbolo del olvido al que los exiliados y las exiliadas han sido condenados (*Una gran emoción política*, 2018; *Mujer olvido,* 2019; *María Teresa y el león,* 2019). Otros han examinado su desidentificación con España, antes y después de la Guerra Civil (Ferrán, 2005) o su percepción con el exilio como patria (Zepeda, 2012). Siguiendo estos estudios, con mi análisis propongo

3 Para más información sobre los significados de la *Laus Hispaniae*, véase *El concepto de España en la Edad Media* de José Antonio Maravall.

añadir otra dimensión, la de León como gran conocedora de la historia y sumamente hábil con sus estrategias narrativas, con las que emparenta, a través de la geografía, la historia española con los futuros exiliados, rememorando no solo una tierra perdida sino también la posibilidad de reclamar tanto la hegemonía cultural (Faber, 2002) como la legitimidad política. De esta manera, el relato de su vida, a través de la geografía histórica, se convierte en una moderna *Laus Hispaniae*, a la vez una alabanza y un lamento por la tierra arrebatada a sus gobernantes ideales y genuinos por parte de aquellos que no tienen derecho a reclamar su historia.

Las descripciones de geografías y geografías humanas de los lugares que León visita son numerosas en *Memoria de la melancolía* –entre ellas están las de Rusia, China, Alemania, Noruega, Nueva York y Roma—pero la intersección de geografía e historia ocurre principalmente cuando se refiere a lugares claves de España y de Latinoamérica[4]. En este ensayo voy a centrarme en la descripción de dos lugares españoles, Cádiz e Ibiza, que son rememorados por León a través de datos históricos, y de su propia experiencia tanto política como personal, e incluso corporal[5]. Con respecto a Cádiz, es de destacar un fragmento en el que geografía, historia y vivencias personales se entrelazan en la descripción que León efectúa al rememorar su estancia con Rafael Alberti en el pueblo gaditano de Rota en 1931:

> Cádiz era la ciudad que desde Rota veíamos al amanecer desde nuestras ventanas. Era la ciudad de la libertad, ¿no lo saben ustedes? Allí, en 1812, se reunieron las Cortes para votar la Constitución más adelantada de Europa. Dicen que sus cimientos como ciudad tienen tres mil años de existencia: fundada por los fenicios, parece un barco. Es el barco español que zarpa hacia América. La bahía se abre en redondo. Hay en ella cinco puertos. Nuestras ventanas del puerto de Rota, que es el último y va llevando sus playas hacia Huelva, daban a los terraplenes del fuerte. Luego veíamos la playa, los médanos. En esa playa aprendí a desnudarme detrás de las retamas. Era una soledad solemne. Dejaba caer mi pelo por la espalda y. . . ¡Qué bien se hundían mis pies en la arena al correr junto a la línea de la espuma! Se apresuraban los cangrejos. Reuníamos conchillas. Eran nuestra fortuna. Se podían cambiar por besos. Cádiz al frente y toda

---

4 En otras obras de León, como el libro de viajes *Sonríe China*, se incluyen fuentes históricas para describir el país, pero estas son mucho más escasas con respecto a China en *Memoria de la melancolía*.

5 La segunda parte de este estudio, presentada en el congreso *Destinos del exilio republicano* celebrado en Santander los días 20 y 21 de julio de 2019, analiza las concomitancias y diferencias entre las descripciones geográficas de España y de Latinoamérica, especialmente de Argentina, lugar donde transcurrió la mayor parte del exilio de León.

> la playa, todo el mar para nosotros. Un día nos llamaron por teléfono desde Madrid. Una voz muy alegre, la de mi madre, nos gritó: ¡Viva la República! –¿Cómo? ¿Qué? –Que se ha proclamado la República en España. El rey ha salido para Cartagena. –Pero ¿qué día es hoy? –14 de abril.
> Nos miramos enternecidos. Para nosotros la República había llegado al pueblecito de Rota, pero Rota no se movió (León, 1998: 194–5).

Este fragmento, que relata, en última instancia, un acontecimiento tan relevante como la proclamación de la Segunda República, describe la geografía en la que se encuentran a través de importantes eventos de su historia: las cortes de Cádiz, su fundación fenicia, y la salida de barcos hacia América. Acto seguido, vuelve al presente y relata una experiencia íntima en la que la corporalidad de la narradora y protagonista se une a la materialidad del territorio. Finalmente, se cuenta la llamada que les informa de la llegada de la segunda República, cambio histórico que es enlazado con la estabilidad de la geografía de Rota. Esta manera de describir la geografía mediante la historia, sirve, por un lado, para ligar el advenimiento de la República a los eventos anteriores de la ciudad, situándolo al nivel de otros acontecimientos históricos importantes, de los que es su legítima heredera, y, por otro lado, para vincular a los propios León y Alberti a esa geografía y a esa historia pasada y presente, aunque en ese momento se encuentren fuera de Madrid[6]. El hecho de que León añada "Para nosotros la República había llegado al pueblecito de Rota, pero Rota no se movió" (León, 1998: 145), que sugiere la inmutabilidad de la geografía con respecto a los acontecimientos históricos (un tropo que también aparece en la *Laus Hispaniae*), establece un contrapunto al mantra que encabeza *Memoria de la melancolía* y León repite a lo largo de la obra, la frase de Luciano de Samosata: "las cosas de los mortales todas pasan, si ellas no pasan somos nosotros los que pasamos" (León, 1998: 71, passim). Esta representación inscribe a su protagonista en una materialidad invariable que contrasta con las cosas pasajeras de los mortales y, a la vez, las contiene. Asimismo, expresa el sentimiento de la pérdida futura de manera si cabe más profunda, ya que su protagonista ha sido arrebatada de una tierra con la que se encuentra unida a través de su historia y de su cuerpo.

La geografía histórica de Ibiza, donde León se encuentra cuando comienza la Guerra Civil, refleja significados análogos y otros algo diferentes. De manera similar, se unen las vicisitudes de León y Alberti debido al estallido de la Guerra

6 Es de notar que también Alberti, de manera similar, enlaza la geografía con la historia en obras que tratan la geografía de Cádiz, como *Oda marítima* (1953), o la de Latinoamérica, como *13 bandas y 48 estrellas* (1985, 1ª ed. de 1935).

Civil, con las varias referencias históricas (entre ellas a Ulises, los fenicios, griegos, cartagineses, romanos, vándalos, árabes, catalanes, Carlos V, Felipe II, y sobre todo, a Jaime I el Conquistador y a Guillermo de Montgrí, el noble y eclesiástico que conquista Ibiza en nombre de Jaime I en el siglo XIII), lo que de nuevo efectúa una vinculación de pasado y presente, y de León con la historia oficial. Además, en este caso, León continúa estas referencias históricas cuando describe el paisaje humano de la isla y su relación con la tierra. Así, relata su encuentro con unas payesas ibicencas que la ayudan a darse un baño (y lo hace relacionando otra vez la historia con la geografía en la que se encuentra, y con su propio cuerpo, también aquí descubierto, en preparación para el baño), de quien le separan diferencias dialectales (León indica que no se entienden muy bien, y que "su ibicenco y mi burgalés nos hacía reír" (León, 1998: 275)). A continuación, retrata la escena de su despedida de las payesas intercalando también referencias históricas:

> Las tres mujeres nos miramos. Nada teníamos que decirnos ya. Pero Escandell les había contado que yo trabajaba para los pobres. ¿Qué habían entendido de aquella explicación tan vaga? Seguramente todo el problema español, pues su soledad se había roto al encontrarme, al saber que millones de seres pensaban como su hijo y se habían levantado en armas para defenderlas. Alguien de lejos, hablando de distinto modo, había entendido su lenguaje. Pertenecía al pasado el recuerdo de las sabias leyes que diera a la isla, luego de su conquista, Guillermo de Montgrí. En el siglo XIII, el obispo dilecto de Tarragona había dado una Constitución hecha con gran sentido de igualdad y justicia para librar a los campesinos de los abusos feudales. Sin distinción, cada uno de sus habitantes tenía derecho a campos y albergues. Estaban exentos de los servicios militares, si no era para defender la isla, libres de tributos, y para cualquier desavenencia, habían de recurrir al consejo y fallo de los hombres buenos. Ignoraban esos tiempos venturosos mis dos amigas. Ignoraban que las salinas donde su hijo perdía los ojos, habían sido bien comunal y solo sabían de la Salinera que las explotaba, explotándolos. Los hijos hablan poco, pero algunas noches de buen humor, el suyo les había hablado de huelgas y derechos de los trabajadores (León, 1998: 276).

En este caso, mediante la anterior descripción histórica de la geografía y estas referencias a Guillermo de Montgrí unidas a los acontecimientos del presente, se muestra, como en la *Laus Hispaniae* y en la descripción de Rota, una geografía idealizada, con habitantes idealizados, que por tanto merece unos gobernantes ideales (algo que se enfatiza cuando, unas páginas más tarde, León es nombrada "gobernadora" de la isla (León, 1998: 279)). Específicamente, León usa aquí la referencia al siglo XIII para sugerir una defensa de las políticas comunistas como las históricamente legítimas en la isla, lucha que uniría a mujeres pertenecientes a clases sociales diferentes y que hablan distintos lenguajes. La representación de la ideología comunista de León en *Memoria de la melancolía* ha sido estudiada, entre otros, por Ángel Loureiro, quien la analiza desde la perspectiva ética, entendida, a la manera de Levinas, como la responsabilidad primordial hacia el otro. Esta responsabilidad ética hacia un *otro*, aún diferente, es la que parece primar también en este fragmento. Además, Loureiro relaciona la ideología "ética" con las simplificaciones u omisiones relativas a la descripción de las hostilidades dentro de España, en las que León incurre, por ejemplo, cuando describe los años de la Guerra Civil como "felices", o "los mejores de nuestra vida" (León, 1998: 380). A través de la descripción de Ibiza, León también obvia las posibles divisiones dentro del bando republicano, tanto las relacionadas con la clase social como las derivadas del uso de diferentes lenguas, mencionando los problemas de comunicación entre el burgalés y el ibicenco como dos variedades regionales que se unen gracias a la historia y la defensa ética de los derechos de los trabajadores en un territorio sin mencionar explícitamente ningún enfrentamiento entre Castilla y los Países Catalanes (algo que se repite con respecto a la descripción de Barcelona, que generalmente no se retrata desde la historia más antigua o potencialmente conflictiva, sino desde los recuerdos de su familia y haciendo referencia a las revueltas obreras).

De hecho, hay otro evento inmediatamente posterior que también une pasado y presente y expresa la posición deliberadamente ambigua de León con respecto a los nacionalismos del Estado español. León cuenta que, cuando llegan los republicanos a tomar la isla de manos franquistas en 1936, una columna de milicianos cuelga la señera valenciana en un castillo, mientras que otros pretenden que la bandera de la República cuelgue más alta. A León le parece bien que la bandera valenciana ondee más arriba, e interviene diciendo: "Déjala ¿no ves que hoy hace siete siglos don Jaime el Conquistador conquistó esta isla para mayor gloria nuestra?" (León, 1998: 278). Y continúa: "Me miró muy asombrado y miramos todos fraternalmente la bahía, el mar de confines azules, los barquitos minúsculos, los molinos inmóviles, las higueras centenarias y toda la gracia reverberante de la isla de Ibiza" (León, 1998: 278). Aunque con esta descripción se sugiere que todos se sienten unidos por la geografía y por unos ideales comunes que vienen de antaño, la frase que León aduce para mantener la bandera valenciana en vez de la republicana, y sobre todo el posesivo incluido en el sintagma "gloria nuestra", es deliberadamente críptico, sobre todo si se compara con una obra anterior, *Juego Limpio*, en la que, cuando relata la misma escena – de manera más detallada, pero usando casi las mismas palabras—no dice "para mayor gloria *nuestra*" sino "para mayor gloria *de España*" (León, 1987: 176, los subrayados son míos). Estas dificultades derivadas de alabar la unidad moral (o "ética") de una tierra perdida que ha sido escenario de tantos conflictos internos, además, denotan un uso ambiguo de las fuentes medievales. Por una parte, parece que las abundantes referencias al siglo XIII elogian una época marcada por la tan mentada convivencia de culturas en el territorio peninsular (lo que también evita las referencias a los Reyes Católicos y al siglo XVI, tan caras al franquismo). Sin embargo, la cita de la *Laus Hispaniae* de Alfonso X – un lamento por la pérdida de la Península a manos de los musulmanes- y la alabanza de la política de Jaime I, que toma la isla a los moros "para mayor gloria nuestra" (León, 1998: 278), indican una asociación tácita entre los musulmanes y los enemigos, algo que puede entenderse si se relaciona con aquellos que participaron en el ejército franquista, que no formarían parte legítima del territorio y la historia española. Estas simplificaciones y omisiones en las que incurre León, además de su posición política y ética, revelan la correspondencia de los significados de su obra con los de la *Laus Hispaniae*: exhortar a la unidad de los habitantes y gobernantes históricamente legítimos frente a los enemigos que usurpan un territorio.

Después de la guerra, las referencias a la geografía histórica del exilio son mucho más escasas, (es decir, casi desaparecen después de citar la *Laus Hispaniae*), lo que sugiere que los exiliados no solo se han separado de un lugar sino también de una historia (algo que recuerda a las palabras de Faber: "after all, to be in exile is not only to be out of place but also to be out of time" (2002: 56)). Esto también se relaciona con la temporalidad exílica que teoriza Mari Paz Balibrea en *Tiempo de exilio*, ejemplificada en las palabras de León, procedentes de *Memoria de la melancolía*, que exhortan a los exiliados a volver a construir, no desde el presente, sino desde las ruinas (Balibrea, 2007: 15–6), donde se habría quedado no solo su antigua geografía sino también su historia. La lectura de la geografía histórica de *Memoria de la melancolía* como una moderna *Laus Hispaniae* arroja significados, más allá de los derivados de la recuperación de la memoria vital de su protagonista, que apoyan esta idea. Pese al tono indudablemente melancólico de su texto, que reconoce las dificultades emanadas de una lucha tan extendida en el tiempo, la vinculación de geografía, historia y exiliados es una estrategia narrativa usada por León, como ha venido ocurriendo desde la época medieval, para lamentar la separación de un territorio, reivindicar como propia la geografía e historia nacional imaginada anterior a la Guerra Civil, y exhortar a la unidad, pese a diferencias y conflictos, con vistas a una acción futura que consiga expulsar a aquellos que no son dignos herederos de la historia y de la tierra, y logre que la geografía anterior a la Guerra Civil, palimpsesto de historias diferentes, vuelva a ser recuperada por sus gobernantes legítimos.

BIBLIOGRAFÍA CITADA

Alberti, Rafael. *13 bandas y 48 estrellas*. Madrid: Espasa-Calpe, 1985.

Alberti, Rafael. *Oda Marítima. Baladas y canciones del Paraná*. Buenos Aires: Losada, 1953.

Alfonso X. *Primera crónica general de España*. Ed. Ramón Menéndez Pidal y Diego Catalán. Madrid: Gredos, 1978.

Álvarez Sancho, Isabel. "¿Alabanza de España y de Latinoamérica? La representación de los destinos del exilio en *Memoria de la melancolía* de María Teresa León". *Destinos del exilio republicano: III Congreso de Cantabria*, UNED, Santander, 20 de junio de 2019

Balibrea, Mari Paz. *Tiempo de exilio. Una mirada crítica a la modernidad española desde el pensamiento republicano en el exilio*. Barcelona: Montesinos, 2007.

Castro, Américo. *La realidad histórica de España*. México D. F.: Porrúa, 1962..

Estébanez Gil, Juan Carlos. *María Teresa León: Estudio de su obra literaria*. Burgos: La Olmeda, 1995.

Faber, Sebastiaan. *Exile and Cultural Hegemony: Spanish Intellectuals in Mexico*. Nashville: Vanderbilt UP, 2002.

Ferrán, Ofelia. "*Memoria de la melancolía* by María Teresa León: The Performativity and Disidentification of Exilic Memories." *Journal of Spanish Cultural Studies*, 6.1 (2005): 59–78.

Isidoro de Sevilla. *Las historias de los godos, vándalos y suevos de Isidoro de Sevilla*. Ed. Cristóbal Rodríguez Alonso. León: Centro de estudios e investigación San Isidro, 1975.

Jiménez de Rada, Rodrigo. *Historia de rebus Hispaniae sive Historia gothica*. Ed. Juan Fernández Valverde. Turnhout, Bélgica: Brepols, 1987.

León, María Teresa. *Contra viento y marea*. Ed. Gregorio Torres Nebrera. Cáceres: Universidad de Extremadura, 2010.

León, María Teresa. *Doña Jimena Díaz de Vivar, gran señora de todos los deberes*. Buenos Aires: Losada, 1960.

León, María Teresa. *Juego Limpio*, Barcelona: Seix Barral, 1987.

León, María Teresa. *La historia tiene la palabra*. Madrid: Hispamerca, 1977.

León, María Teresa. *Memoria de la melancolía*. Ed. Gregorio Torres Nebrera. Madrid: Castalia, 1998.

León, María Teresa. *Rodrigo Díaz de Vivar el Cid Campeador*. Buenos Aires: Peuser, 1954.

León, María Teresa y Rafael Alberti. *Sonríe China*. Buenos Aires: Jacobo Muchnik, 1958.

López, Helena. "Algunas claves para una lectura feminista de *Memoria de la melancolía*, de María Teresa León." *Tesserae: Journal of Iberian and Latin American Studies*.10.2 (2004): 147–167.

Loureiro, Ángel. *The Ethics of Autobiography: Replacing the Subject in Modern Spain*, Nashville: Vanderbilt UP, 2000.

Maravall, José Antonio. *El concepto de España en la Edad Media*. Madrid: Centro de Estudios Constitucionales, 1997.

María *Teresa y el* León. Dram. Susana Hornos. Dir. Carolina Román. Sala Mirador, Madrid, 2019. Teatro.

Mujer *Olvido*. Dram. Clara Santafé y Cristina Canudas. Dir. Cristina Canudas, Teatro Lagrada, Madrid, 2019. Teatro.

Pope, Randolph. "La autobiografía del exilio: el ser previamente preocupado de Rafael Alberti y María Teresa León" en *El exilio de las Españas de 1939 de las Américas: "¿Adónde fue la canción?"* Barcelona: Anthropos, 1991: 369–378.

Torres Nebrera, Gregorio. *Los espacios de la memoria: la obra literaria de María Teresa León*. Madrid: Ediciones de la Torre, 1996.

Torres Nebrera, Gregorio. "Introducción biográfica y crítica" en María Teresa León. *Memoria de la melancolía*. Madrid: Castalia, 1998.

Una gran emoción política. Dram. Luz Arcas. Dir. Abraham Gragera, Centro Dramático Nacional, Madrid, 2018. Teatro.

Ugarte, Michael. "Women and Exile: The Civil War Autobiographies of Constancia de la Mora and María Teresa León." *Letras Peninsulares*. 11.1 (1998): 207–222.

Zepeda, Karla. "Exile as National Belonging in María Teresa León's *Memoria de la Melancolía*." *Cuaderno Internacional de Estudios Humanísticos y Literatura*. 17 (2012): 164–175.

MÍRYAM VÍLCHEZ RUIZ

GEXEL-CEDID-Universitat Autònoma de Barcelona

"AMANECER A OSCURAS". EL EXILIO Y LAS CONEXIONES ENTRE TRADICIONES RELIGIOSAS EN *HAI-KAIS ESPIRITUALES*, DE ERNESTINA DE CHAMPOURCIN*

Amanecer a oscuras...
Bien está que despiertes mientras tantos descansan.
Dentro de ti hará sol, a pesar de la noche.

ERNESTINA DE CHAMPOURCIN, «Lo de todos los días, I», *Hai-Kais espirituales* (1967).

En 1967, durante su exilio mexicano, Ernestina de Champourcin publicó *Hai-Kais Espirituales*. Se trata de un libro que, por sus propias peculiaridades idiosincráticas, altera la dinámica poética que la autora había desarrollado durante sus años en México. De hecho, su producción poética a partir de 1939 se caracteriza por una atención especial a lo religioso o, incluso, al fervor católico. Esta obra, que no deja de estar inserta en esa misma línea temática, presenta algunas particularidades que la distinguen, por su concepción metafísica, de entre su trayectoria poética en el exilio. En este mismo punto de divergencia existen, además, algunos aspectos de los que se infiere la importancia del exilio. Por este motivo el presente estudio pretende analizar la forma en que el exilio contribuyó de forma directa –aunque también de manera muy peculiar– en la producción poética de la autora de forma general y, muy en especial, en sus *Hai-Kais espirituales*.

La poesía escrita en el exilio por Ernestina de Champourcin comprende obras como *Presencia a oscuras* (Madrid, 1952), *El nombre que me diste* (Ciudad de México, 1960), *Cárcel de los sentidos* (Ciudad de México, 1964), *Hai-Kais espirituales* (Ciudad de México, 1967), *Cartas cerradas* (Ciudad de México,

* Este trabajo forma parte del proyecto de investigación *La historia de la literatura española y el exilio republicano de 1939; final* (FFI2017-84768-R), dirigido por Manuel Aznar Soler y José-Ramón López García, financiado por el Ministerio de Economía y Competitividad.

1968) y, por último, *Poemas del ser y del estar* (Madrid, 1972)[1]. Todas estas obras mantienen un nexo que no solo describe el eje temático que la autora perfiló en México, sino que además la hace partícipe de un fenómeno común asociado a cierta producción poética desarrollada en el exilio de 1939. De hecho, muchos poetas españoles tras marcharse de España viraron en su proceder alterando su estética poética, llegando esta a mudar hasta, en ocasiones, de forma muy sustancial. Ernestina de Champourcin es un claro ejemplo, sin lugar a ninguna duda, de ese viraje o cambio en su perspectiva poética.

Si bien es cierto que la obra de la autora anterior al exilio ya había introducido alguna cala a lo que años más tarde abordó, es de especial mención la forma en que este cambio afectó a sus *Hai-Kais espirituales*. Ernestina de Champourcin siempre se mantuvo bastante ajena a las modas literarias antes, durante y después de su exilio mexicano. Este hecho casi insustancial, pero paradójicamente determinante, es crucial para entender el alcance o la repercusión de las reformulaciones españolas e hispanoamericanas del *haiku* en la obra de Champourcin, pues *Hai-Kais espirituales* no se adecúa ni a los postulados formales, ni a los métricos, ni tampoco a los temáticos que siguen las, en ocasiones, supuestas propuestas de este tipo concreto de poesía japonesa. Pero a pesar de no ser *haiku* de forma estricta, como veremos esta obra sí sigue ciertos patrones y tendencias que apuntan a, como mínimo, una interconexión con este tipo concreto de poesía.

Junto a Josefina de la Torre, Ernestina de Champourcin fue una de las dos únicas mujeres incluidas en la segunda edición de la celebérrima antología de Gerardo Diego publicada en 1934[2], lugar donde ella misma declaraba:

---

1 En 1966 Joy B. Landeira dedicó un apartado a "Ernestina de Champourcin" en *Women Writers of Spain. An annotated Bio-bibliographical Guide* (1966: 88–91). En esa breve entrada Landeira estableció la división tripartita que después se ha mantenido de forma casi unánime por la crítica. Sin embargo, en 1991 José Ángel Ascunce propuso una nueva división en la que estableció cuatro periodos, en lugar de tres, englobados en dos épocas. En sus propias palabras: "la primera época abarca los dos primeros períodos de creación literaria: sus primeras tentativas literarias o «Primeros ejercicios poéticos» (hasta 1928) y su poesía de madurez o «Poesía del amor humano» (1928–1940). La segunda época engloba el tercer período de creación literaria en torno a su poesía de consagración o «Poesía del amor divino» (1940–1972). Por último, habría que plantear una «Poesía de amor en la evocación y en el deseo» para caracterizar la creación literaria de la última etapa existencial (1972–1991)" (Ascunce, 1991: XXV). Creo que esta división, pese a que sigue la propuesta de Landeira, se ajusta muy bien a los ciclos poéticos de la autora. No obstante, en el presente trabajo únicamente se hará distinción entre la poesía anterior o posterior al exilio de la autora.

2 Se trata de *Poesía española (Contemporáneos)* de 1934 (Diego, 1991). Tanto la primera como la segunda edición de estas antologías han servido a la crítica durante largos

> ¿Mi concepto de poesía? Carezco en absoluto de conceptos. La vida borró los pocos de que disponía, y hasta ahora no tuve tiempo ni ganas de fabricarme otros nuevos. Por otra parte cuando todo el mundo define y se define, causa un secreto placer mantenerse desdibujado entre los equívocos linderos de la vaguedad y la vagancia (Diego, 1991: 546).

En esta brevísima introducción, Ernestina de Champourcin intenta explicar su poética anterior al exilio al margen de toda tendencia o corriente, lo que no es del todo exacto pero sí denota una expresa voluntad por desarrollar su propia perspectiva tomando como baremo sus propias inclinaciones personales. En este mismo sentido, en una carta fechada el 1 de mayo de 1936, a propósito de *Cántino Inútil*, la última de sus obras poéticas anteriores al exilio, Antonio Machado destacaba y ensalzaba esos mismos valores: "Ilustre amiga [. . .] Conocía versos muy bellos de sus primeros libros. Los de éste que ahora publica acusan, a mi juicio, un paso decisivo hacia la poesía integral por encima o al margen de toda moda literaria" (Machado, 1988: 1822).

En efecto, tal y como anunciaba Antonio Machado, durante el exilio ese síntoma de singularidad distintiva de Champourcin se acentuó cada vez más. José Ángel Ascunce, en un artículo publicado en *Ínsula* en 1993, afirma que "la lírica de exilio de Ernestina [. . .] es derivación de su última poesía. De una temática de amor universal se evoluciona a una temática de amor divino, revelando un claro continuismo dentro de una lógica evolución poética" (Ascunce, 1993a: 19). Champourcin se amoldó muy bien a su vida en México donde llegó a convertirse en una formidable traductora profesional[3]. A pesar de su rápida integración, el lugar de residencia y su nuevo pero exigente medio de vida la obligaron a dejar en un segundo plano su vocación literaria, pues hasta quince años después del exilio no publicó su primera obra poética. De hecho, *Hai-Kais espirituales* es la cuarta de las obras publicadas en el exilio y salió a la luz en México en 1967.

A la configuración específica de *Hai-Kais espirituales* debe sumársele, además, la clara influencia de Juan Ramón Jiménez. Tal y como ha visto la crítica de forma unánime, el poeta moguereño fue muy importante en su etapa anterior al exilio. Es más, especialistas como Landeira (2005) y Ascunce (1991) ven las huellas de los cánones poéticos abanderados por Juan Ramón Jiménez hasta su exilio. No obstante, creo que esta influencia no solo se limita hasta el final de

---

años para delimitar el archiconocido grupo de la «Generación del 27», con todas las imprecisiones y las limitaciones que ello supone.

3 En palabras de la propia autora después de haber regresado a España, de nuevo, en 1972: "Yo me adapté, porque México es un país maravilloso; ahora siento una enorme nostalgia por él" (Villar, 1975: 13).

la Guerra Civil, sino que se extiende mucho más allá y muy especialmente en cuanto a materia espiritual se refiere, por muy paradójico que pudiera parecer[4]. De hecho, Champourcin siempre mencionó esta conexión en prácticamente todas las entrevistas que concedió. En sus propias palabras: "[. . .] Probablemente, la mayor influencia que recibí entonces era la de Juan Ramón, y desde entonces y siempre, los místicos" (Villar, 1975: 13).

En otra entrevista que Ernestina de Champourcin le concedió a José Ángel Ascunce en 1993 se profundiza en los motivos de su anterior respuesta, pues a la pregunta "¿Cuándo entró en contacto con la literatura metafísica [. . .]?" (Ascunce, 1993b: 22) señala Champourcin:

> Responder a esa pregunta, me lleva a hablar una vez más de Juan Ramón Jiménez. Él era un verdadero entusiasta de este tipo de literatura. [. . .] En la pequeña librería de León Sánchez Cuesta, donde trabajaba Cernuda, por consejo expreso de Juan Ramón, compré mis primeros libros de este tipo de literatura. Desde entonces me acompañan como lecturas asiduas (Ascunce, 1993b: 22).

Juan Ramón Jiménez desarrolló a lo largo de su carrera literaria un interés por lo oriental[5]. Este hecho, junto a otros que veremos, fue con toda probabilidad uno de los aspectos que influyó en los *Hai-Kais espirituales* de Ernestina de Champourcin. De igual modo, vale la pena recordar que el cambio de signo en la poesía de exilio de la autora responde a su propia evolución interna. Esta evolución estuvo marcada por una crisis espiritual que desarrolló durante sus

---

4 Una muestra de ello fue la inclusión de Juan Ramón Jiménez en la antología que la autora publicó en 1970 bajo el título de *Dios en la poesía actual*. Según Champourcin: "Juan Ramón cuando salió de España publicó. . . escribió, mejor dicho. . . sus mejores libros" (Landeira, 2005: 246). Esos libros a los que hace mención Champourcin y a los que además considera «sus mejores libros» son, nada más y nada menos, que *Animal de fondo*, que después se incluiría como sección en *Dios deseado y deseante*. Intentando no caer en un reduccionismo al absurdo, tan solo mencionaré que en la tesis juanramoniana que se extrae de esos libros se construye una forma muy particular de lo místico, lo espiritual y lo religioso. El último ciclo poético de Juan Ramón Jiménez elabora todo un sistema conceptual de valores y símbolos que tienen una profunda vinculación con la mística española y también con la mística oriental. De ahí que el autor sea una de las fuentes fundamentales para *Hai-Kais espirituales*.

5 Bien conocida es la predilección de Juan Ramón Jiménez por autores como Rabindranath Tagore. Además, también se podría establecer una vinculación a través de la estética poética japonesa con el autor moguereño. Javier Maestre ha analizado la presencia de lo oriental en general y del *haiku* en particular en la poesía de Juan Ramón Jiménez (Maestre, 2015).

felices años de exilio mexicano. Tal y como ella misma relata en *La ardilla y la Rosa*[6], estando en Washington trabajando como traductora en un congreso encontró

> [...] *The Seven Storey Mountain*, del fraile trapense Thomas Merton, autor de unos extraordinarios libros de espiritualidad con el doble atractivo de su fondo místico muy elevado y un lenguaje moderno al alcance de todos. Compré el libro y su lectura completó la solución de una crisis íntima que yo traía desde México (Champourcin, 1997: 93).

Esa suerte de crisis espiritual por la que transitó Champourcin entre 1948 y 1949, junto a sus marcadísimas influencias literarias, la lectura de Thomas Merton, su incorporación al Opus Dei en 1952 (Fernández Urtasun, 2008: 25) y la muerte de su marido Juan José Domenchina en octubre de 1959 determinaron, sin lugar a ninguna duda, el rumbo del ciclo poético de exilio de Ernestina de Champourcin. No obstante, a pesar de las inclinaciones religiosas que ostentaba la autora, en su obra se aprecia una particular perspectiva ante lo religioso[7]. De hecho, ella misma declaraba que en esa poesía había algo más que una simple vinculación al fervor católico:

> ¿Estás de acuerdo en que se te llame poetisa religiosa? –La palabra «religiosa» tiene una serie de ideas subyacentes, como decís ahora, que me molestan: en seguida se piensa en beatería. Yo no considero que mi poesía sea así; creo que es un diálogo con Dios, como decía Juan José [Domenchina]. También creo que todo ser humano necesita trascender su vida, y que son pocos los seres humanos inteligentes que se contentan solo con lo que tienen en la mano (Villar, 1975: 12).

Dejando a un lado las apreciaciones personales de la autora, su respuesta conecta con sus propuestas poéticas desarrolladas en el exilio. Ya Catherine Bellver (2012) apuntaba en esa misma dirección: "She writes not as a saint, but as a women poet with an overrinding preocupation with God" (2012: 24). En efecto, tal y como recuerda José Ángel Ascunce

---

6 Ernestina de Champourcin dejó inmortalizada la amistad y la profunda admiración que sentía por Juan Ramón Jiménez en *La ardilla y la rosa. Juan Ramón en mi memoria* (1997[2]). Esta obra, que cabalga entre la autobiografía y las memorias, fue publicada en 1981 en conmemoración del centenario del nacimiento del poeta. Se trata de una obra que no solo pretende rendir homenaje a su maestro rememorando todos los recuerdos y anécdotas que la autora atesora en su memoria, sino que además incorpora cuatro artículos sobre Juan Ramón Jiménez escritos por Champourcin y un breve, pero interesante, epistolario.

7 Francisca Colomer documenta la religiosidad de Champourcin (Colomer, 2008).

> [...] La verdadera obsesión de la escritora alavesa en estos momentos es el destino espiritual y la naturaleza religiosa del hombre. Su fe inquebrantable en el más allá da un nuevo colorido a toda su obra. Para Ernestina de Champourcin no existe propiamente exilio espacial o transtierro emocional sino *destierro espiritual*[8] (Ascunce, 1991: XXIII).

Es ese «destierro espiritual», efectivamente, el que caracteriza a todas las obras poéticas de exilio de Champourcin, pero muy en especial a *Hai-Kais espirituales*, pues haciendo gala de su desapego a las modas literarias la obra materializa una propuesta muy particular de lo místico, lo espiritual y lo religioso. En la obra se fragua una poética que oscila entre pensamiento e idea, entre oración y plegaria. La concepción que late bajo la obra conecta muy bien con algunos de los presupuestos poéticos japoneses relacionados con el *haiku*. En palabras de Octavio Paz

> [...] Es algo que está entre el pensamiento y la sensación, el sentimiento y la idea. Los japoneses usan la palabra *kokoro*: corazón. Pero ya en su tiempo José Juan Tablada advertía que era una traducción engañosa: «*kokoro* es más, es el corazón y la mente, la sensación y el pensamiento y las mismas entrañas, como si a los japoneses no les bastase sentir con solo el corazón»[9]. Las vacilaciones que experimentamos al intentar traducir ese término, la forma en que los dos sentidos, el afectivo y el intelectual, se funden en él sin fundirse completamente, como si estuviese en perpetuo vaivén entre uno y otro, constituye precisamente el sentido (los sentidos) de *sentir* (Paz, 1971: 236).

Este es, exactamente, el sentir que conecta a *Hai-Kais espirituales* con el *haiku*:

(Roma)
¿CORAZÓN o raíces? Quién sabe... algo muy mío
se quedó allí viviendo, latiendo para siempre.
«Encuentros y paisajes, X» (Champourcin, 1991: 276).

Se trata de una dialéctica entre tradiciones. En ocasiones la cercanía a un pensamiento o a una idea puede llegar a confundir los términos, sin que ello signifique de forma necesaria que se esté alejado de lo que se intentaba emular. El lector, o el receptor, ante esta obra está obligado a participar de ese instante de fugacidad que une culturas y tradiciones, condición que caracteriza muy bien al sujeto exiliado; pues, en efecto, al hallarse lejos de sus raíces la autora toma como asidero la religiosidad pero, a su vez, en la lejanía del exilio ese asidero se convierte en algo intertextual culturalmente. Champourcin retoma una tradición mística y religiosa oriental materializada en poesía que cuenta con siglos

---

8 El énfasis es mío.
9 La cita que Octavio Paz señala procede de *Hiroshigué*, obra de José Juan Tablada publicada en México en 1914.

de evolución y la aplica a su propia poesía ejecutando para ello su credo y su tradición religiosa personal. De hecho, la obra propone un estimulante juego poético en el que pensamiento y sentimiento se funden requiriendo, también, la participación del lector ante la confluencia de tradiciones religiosas. El «destierro espiritual» de la autora la anima a buscar puntos de anclaje mediante distintos presupuestos. Ahora bien, los componentes propios de la tradición literaria que recoge la autora para su propia concepción del *haiku* son muy particulares:

> EN su lugar las cosas... ¿Pero habrá criaturas
> capaces de salirse de donde Dios las puso?
> «Lo de todos los días, III» (Champourcin, 1991: 269).

El título de la obra ya constituye, de por sí, una reconstrucción tanto del modelo poético oriental como de las reformulaciones españolas e hispanoamericanas. Nótese que el título de la obra es *Hai-Kais espirituales*, cuando en realidad el modelo poético sobre el que se respalda es el *haiku* y no el *haikai*. En la tradición literaria japonesa *haikai* no alude al mismo concepto ni tampoco tiene el mismo alcance que en las tradiciones literarias occidentales. El vocablo *haikai* se remonta, como mínimo, al año 905 y hace referencia directa a versos satíricos o cómicos, de hecho significa «lo divertido» (Rodríguez-Izquierdo, 1994: 53). Por ende, *haikai* "designa no una forma poética, sino un género de poesía" (García Prada, 1956: 373). Es más, "el *haikai* era un arte popular, carente de altura literaria". Este género se fue extendiendo con el renga, o poema encadenado, que "hizo en sí mismo de eslabón de enlace entre las formas más célebres de la poética japonesa: el *tanka* y el *haiku*" (Rodríguez-Izquierdo, 1994: 54). Siglos más tarde, el *haiku* alcanzó la dignidad literaria de la mano de Bashoo[10] (Rodríguez-Izquierdo, 1994: 54). No obstante, cabe señalar que el *haiku* "no ha brotado espontáneamente del genio creador de un poeta. Sus raíces se extienden a lo largo de siglos, y alcanzan a la especulación religiosa prebudista. El Budismo Mahayana, el Zen chino japonés, el Taoísmo y el Confucianismo, así como el propio desarrollo de las literaturas china y japonesa han confluido en la creación del *haiku*" (Rodríguez-Izquierdo, 1994: 35). Se trata, por tanto, de un concepto muy complejo que las literaturas occidentales acogieron y adaptaron. Sin embargo, en las reformulaciones occidentales, en especial en las españolas

---

10 El origen, la evolución, el alcance y el significado del *haiku* es muchísimo más complejo. Para más información véase *El haiku japonés. Historia y traducción* de Fernando Rodríguez-Izquierdo (1994), especialmente las páginas 21–82. Por añadidura, consúltense los artículos de Carlos García Prada (1956) y Manfred Lentzen (2000).

e hispanoamericanas, *haikai* y *haiku*, además de aparecer transcritos de muy diversas formas, se contemplan como sinónimos, cuando en realidad son conceptos muy diferentes[11]. De ahí que el título de la obra sea *Hai-Kais espirituales* y no «Haikus espirituales». Además del auge de las reformulaciones occidentales y de los posibles modelos españoles de la mano de Juan Ramón Jiménez o Antonio Machado, el referente más cercano y, que con mayor probabilidad, influyó de forma notoria en la obra de Champourcin fue la poesía de Juan José Domenchina. El 1 de junio de 1928 Domenchina publicó su primer *haiku* en *La Gaceta Literaria* bajo el título «Hai-Kais (De antaño)» (Landeira, 2005: 205). Asimismo, algo más tarde, en 1929 incluyó un grupo de poemas titulados «Hai-Kais» en la sección «Otros poemas» de *La corporeidad de lo abstracto.* Hecho que no solo propició el interés de la autora por este tipo de poesía, sino que también condicionó el título dado a la obra.

Sin embargo, a pesar de la determinante influencia de sus modelos más cercanos, en *Hai-Kais espirituales* de nuevo aflora la importancia del exilio en la autora, pues los componentes propios de la tradición literaria que recoge para su propia concepción del *haiku* se aproximan más a las propuestas desarrolladas por algunos poetas mexicanos, que a las supuestas muestras de poesía japonesa realizada por poetas españoles. Esto se debe, principalmente, por el contenido espiritual que subyace en el modelo Mexicano. De hecho, el grupo mexicano Ábside, que toma el nombre de la revista homónima dirigida por Alfonso Méndez Plancarte, promueve "una nueva 'escuela' de [h]aikistas católicos [que] rompe el molde espiritual budista del '[h]aiku' y promulga un mensaje cristiano" (Landeira, 2005: 207). Ernestina de Champourcin conocía esa nueva vertiente 'católica' dado el interés que el grupo Ábside mostró por los «*haikus* tempranos» de Juan José Domenchina, de ahí que sus *Hai-Kais espirituales* estén mucho más en sintonía con esa línea de ejecución dadas sus inclinaciones personales y su «destierro espiritual». Es más, Champourcin mantiene el sentido, ese «sentir» propio del *haiku*, combinándolo con una propuesta poética que propicia un diálogo con Dios, «como decía Juan José Domenchina» (Villar, 1975: 12):

---

11 Para profundizar más sobre este tema véase el capítulo dedicado a *Hai-Kais espirituales* de Joy B. Landeira, incluido en *Ernestina de Champourcin. Vida y literatura* (2005), en el que se explica con mucho detalle la evolución del *haiku* español e hispanoamericano y su aplicación en la obra de Champourcin, pp. 187–220. Asimismo, para profundizar en la evolución del *haiku* en México véase *El Haikai en la lírica mexicana* de Gloria Ceide-Echevarría (1967).

(Confidencia)
ENSÉÑAME a escuchar
como escuchabas Tú al ciego y al leproso.
«Lo de todos los días, VII» (Champourcin, 1991: 270).

El *haiku*, en tanto modelo poético, se acoge a ciertos parámetros caracterizadores que basan la búsqueda de la esencia poética en la significación por encima de la belleza formal. Por tanto, se concibe como un "medio de dicción popular" que no excluye nada de sus mediaciones, ni siquiera lo desagradable (Rodríguez-Izquierdo, 1994: 67). Una de sus características principales es la forma en que "se centra en lo cotidiano" dejando de lado las consideraciones en torno "al antes o al después", pues "se confina a lo intemporal, cuando la vida se profundiza de pronto y todo el universo está presente en un instante de iluminación" (Rodríguez-Izquierdo, 1994: 67). Y destaca principalmente, porque a pesar de tener nociones recurrentes estrictamente vinculadas a la naturaleza, su tema "es la mayoría de las veces indefinible" (Rodríguez-Izquierdo, 1994: 67). Estos patrones poéticos se adecúan muy bien a *Hai-Kais espirituales*, dado que la obra, dividida en dos secciones «Lo de todos los días» y «Encuentros y paisajes», retoma muchos de estos presupuestos poéticos del *haiku*, pues mediante un lenguaje nada ostentoso acerca al presente breves instantes de la cotidianidad –por lo menos de una cotidianidad cercana a la autora– que destacan por su carácter atemporal y por su atención a lo ordinario y a la naturaleza:

ESPUMA: flor del agua.
No te quedes prendido a lo que huye siempre.
«Encuentros y paisajes, XXVIII» (Champourcin, 1991: 279).

Adviértase que Ernestina de Champourcin, como ya se había anunciado anteriormente, no sigue los postulados estrictamente temáticos puesto que los adapta a su propio credo; pero mucho menos sigue los postulados formales y métricos del *haiku*. Esta forma poética está compuesta por tres versos que siguen un patrón fijo formado por pentasílabo-heptasílabo-pentasílabo (5-7-5) –que además tampoco tiene nada que ver con la seguidilla como tantas otras veces se ha dicho, pese a las posibles similitudes. Champourcin, en este caso, se aleja también de sus supuestos modelos de *haiku* españoles e hispanoamericanos, dado que ninguno de los poemas que componen *Hai-Kais espirituales* posee ni el mismo metro, ni los mismos refuerzos acentuales de intensidad, ni los mismos versos. Para ello valga como muestra el siguiente ejemplo:

¿SI pudiera explicarles por qué tanta alegría?
El pájaro no explica

y la rosa tampoco.
«Lo de todos los días, XXII» (Champourcin, 1991: 273).

Asimismo, a pesar de que el tema pueda interrelacionarse dadas las connotaciones religiosas o éticas, la naturaleza y la sensibilidad que ostentan los *Hai-Kais espirituales* poseen un trasfondo muy particular. Según el legado de Bashoo, uno de los máximos exponentes de este tipo de poesía japonesa en su vertiente más espiritual, el *haiku* se entiende como un camino de vida, como un camino de ascesis espiritual[12] (Rodríguez-Izquierdo, 1994: 72). En sintonía a ese mismo sentido o a aquel «sentir» al que aludía Octavio Paz, Ernestina de Champourcin utiliza sus versos como camino propiciatorio a una evolución espiritual, como una forma de autoconocimiento. De ahí que, a pesar de las marcadísimas diferencias, exista una comunión entre el sentido espiritual del *haiku* y *Hai-Kais espirituales*:

UN instante de Amor que lo detiene todo;
y las cosas creadas se rinden dulcemente.
«Lo de todos los días, VIII» (Champourcin, 1991: 270).

Los poemas de Champourcin poseen un sentido de intimidad y recogimiento que conecta la esencia del budismo con el sentimiento católico que abanderaba Champourcin. Conceptualmente sí se asemeja al modelo poético japonés en tanto asidero material que le permite plasmar su religiosidad en poesía. Una espiritualidad que deja a un lado los preceptos budistas, confucionistas, Zen y taoístas para centrarse, de forma exclusiva en la tradición católica siguiendo el propio credo de la autora:

(APÓSTOL)
MI palabra de barro, vacilante y sin fuerza,
se multiplica en Ti y hay una red pletórica,
a punto de romperse, en la orilla invisible
de una playa remota.
«Lo de todos los días, XXIV» (Champourcin, 1991: 273).

---

12 Tal y como explica Fernando Rodríguez-Izquierdo, "Bashoo estaba más interesado en el espíritu de la poesía china y japonesa clásica que en su forma. Su estudio de las letras no era una mera erudición, sino una concentración en el sentido espiritual de la cultura que había heredado" (1994: 67). Ernestina de Champourcin extrapola el sentido de la herencia tradicional japonesa acogiéndose a su propia tradición, que en este caso es la católica. Por este motivo, aunque sus poemas no sean *haikus*, el trasfondo se basa en el mismo sistema de creación buscando, así, la ascesis latente en su empeño literario.

La amplificación de ese sentido católico condesado en composiciones poéticas tan breves le permiten establecer conceptualizaciones bíblicas a través de mecanismos léxicos y simbólicos propios del *haiku*. Hecho que evidencia la importancia del exilio en tanto medio de interconexión entre culturas, y en este caso, muy especialmente entre tradiciones religiosas. Valga como ejemplo el siguiente poema:

> (FIDELIDAD)
> QUE sea para siempre; que empiece desde ahora
> mi eternidad contigo
> «Encuentros y paisajes, VIII» (Champourcin, 1991: 275).

En la tradición católica esta casi sentencia invita a la comunión del alma del sujeto con Dios mediante una entrega atemporal sin restricciones, cuando en la tradición budista podría muy bien comprenderse como una referencia directa a la inmortalidad del alma que el sujeto se profesa a sí mismo y a las reencarnaciones que después sobrellevará. Adviértase que el fondo temático es exactamente el mismo aunque el significado pueda alcanzar un sentido diferente en función de la tradición religiosa desde la que se lea. Ambas tradiciones religiosas conviven y se complementan. En estos *Hai-Kais espirituales* lo místico, lo espiritual y lo religioso alcanzan un nivel de significación que traspasa las fronteras tan estrictas marcadas por las religiones. Tal y como explica Fernando Rodríguez-Izquierdo, según la tradición budista: "aun en sus diferencias y deficiencias, aun en la modestia de la naturaleza, todo manifiesta a Buda. El poeta es el hombre que sabe ver, y tiene como misión transmitir ese poder de ver. Su papel es así doblemente creativo, en un nivel más profundo que el de la simple creación literaria" (1994: 30). Este es el sentido exacto, ese sentido que oscila entre idea y pensamiento, entre oración y plegaria que manifiesta Champourcin, con la única salvedad que lo atribuye a otro credo mediante el arte creador de su poesía:

> VAMOS a darlo todo a fin de que otros vean.
> Es demasiada luz, para guardarla siempre.
> «Lo de todos los días, XX» (Champourcin, 1991: 273).

Nótese que el sentido proverbial mediante el elemento *luz* implica una asimilación entre tradiciones religiosas. Más allá de la significación léxica el contenido simbólico que expresa muestra muy bien las interconexiones. La filosofía espiritual que subyace tanto en el modelo poético oriental como en la adaptación realizada por Champourcin "crea en las cosas una supernaturaleza divina por medio de su intuición expresada en poema, y crea también en sus lectores una potencia divinizante[13]" (Rodríguez-Izquierdo, 1994: 30). Hecho que, además, conecta esta interrelación con las conceptualizaciones poéticas realizadas por Juan Ramón Jiménez y Juan José Domenchina. Champourcin recoge esa esencia y la aplica a sus propios presupuestos: luz / visión / percepción / perfección:

> AMANECER a oscuras...
> Bien está que despiertes mientras tantos descansan.
> Dentro de ti hará sol, a pesar de la noche.
> «Lo de todos los días, I», (Champourcin, 1991: 269).

El contraste de luces y sombras, el contraste entre tradiciones, configura unas sombras en el lector al romper su horizonte de expectativas. Los claroscuros que sugiere la misma brevedad de la composición juegan con el simbolismo y los sentidos, de nuevo, de las tradiciones religiosas. De hecho, en ambas tradiciones la contraposición simbólica entre oscuridad y muerte frente a luz y vida sugiere un largo recorrido que denota la pervivencia de las similitudes entre religiones.

Hai-Kais espirituales es, por ende, una obra que aunque no se ajusta por completo a los preceptos marcados por el *haiku* sí que adapta la verdadera esencia significativa de la ancestral forma poética japonesa. A pesar de las marcadas alusiones al credo católico que recorre toda la obra, se advierte un sentido latente muy prolijo y paradójicamente muy inclusivo dadas las tendencias religiosas personales de la autora. Este hecho viene propiciado, sin lugar a ninguna duda, por la importancia del exilio en Ernestina de Champourcin, ya que el «destierro espiritual» por el que transitó fructificó mostrando a través de su poesía que, con independencia de la intención de la autora, el trasfondo poético vinculado a lo religioso puede traspasar las fronteras de la rigidez religiosa y credencial. El análisis de todo ello permite aseverar que *Hai-Kais espirituales* es, por tanto, una obra sorprendentemente abierta a las influencias interculturales gracias al exilio.

13 En una carta fechada el 2 de mayo de 1928 dirigida a Carmen Conde, Champourcin expresó ese sentimiento de forma explícita: "Mi religiosidad es más bien misticismo; cierto fondo de exaltación que aplico de un modo especial a todas las cosas. Por ejemplo, siento a Dios más cerca al escribir un Poema que rezando ante imágenes". Carta incluida en Rosa Fernández Urtasun (2007: 74–76).

BIBLIOGRAFÍA CITADA

ASCUNCE, José Ángel. "Prólogo". *Poesía a través del tiempo.* Ed. José Ángel Ascunce. Barcelona: Anthropos, 1991: IX-LXXV.

ASCUNCE, José Ángel. "La poesía de Ernestina de Champourcin: entre lo lúdico y lo sagrado". *Ínsula*, 48, 557. 1993a: 19–21.

ASCUNCE, José Ángel. "Ernestina de Champourcin a través de sus palabras". *Ínsula*, 48, 557. 1993b: 22–24.

BELLVER, Catherine G. "Mysticism, Meditation and Monologue in *Poemas del ser y del estar* by Ernestina de Champourcin". *Studies in 20th & 21st Century Literature*, 36, 2 (4) (2012): 220–241.

CEIDE-ECHEVARRÍA, Gloria. *El Haikai en la lírica mexicana.* Ciudad de México: Ediciones de Andrea, 1967.

CHAMPOURCIN, Ernestina. *Dios en la poesía actual. Selección de poemas españoles e hispanoamericanos.* Madrid: Biblioteca de autores cristianos, 1972[2].

CHAMPOURCIN, Ernestina. *Poesía a través del tiempo.* Ed. José Ángel Ascunce Barcelona: Anthropos, 1991.

CHAMPOURCIN, Ernestina. *La ardilla y la rosa (Juan Ramón en mi memoria).* Huelva: Ediciones de la Fundación Juan Ramón Jiménez, 1997[2].

CHAMPOURCIN, Ernestina y Carmen Conde. *Epistolario 1927–1995. Ernestina de Champourcin - Carmen Conde.* Ed. Rosa Fernández Urtasun. Madrid: Castalia, 2007.

COLOMER, Francisca. "Ernestina de Champourcin en su exilio interior". En: Rosa Fernández Urtsaun y José Ángel Ascunce (eds.). *Ernestina de Champourcin. Mujer y cultura en el siglo XX.* Madrid: Biblioteca Nueva, 2008: 207–224

DIEGO, Gerardo. *Antología de Gerardo Diego. Poesía española contemporánea.* Ed. Andrés Soria Olmedo. Madrid: Taurus, 1991.

FERNÁNDEZ URTASUN, Rosa. "Ernestina de Champourcin: una voz diferente en la Generación del 27". *Hipertexto*, 7 (invierno). 2008: 18–37.

GARCÍA PRADA, Carlos. "La poesía Imaginista y el Hai-Kai Japonés". *Revista Iberoamericana*, XXI, 41–42, 1956: 373–391.

LANDEIRA, Joy B. "Ernestina de Champourcin", en Joy B. Landeira. *Women Writers of Spain. An annotated Bio-bibliographical Guide.* Nueva York:, Greenwood Press, 1966: 88–91.

LANDEIRA, Joy B. *Ernestina de Champourcin. Vida y literatura.* Ferrol: Sociedad de Cultura Valle-Inclán, 2005.

LENTZEN, Manfred. "Las formas líricas breves. El 'haiku' en las obras poéticas de Juan José Domenchina y Ernestina de Champourcin". En: Florencio Sevilla Arroyo y Carlos Alvar Ezquerra (coords.). *Actas del XIII Congreso de la Asociación Internacional de Hispanistas. Madrid, 6-11 de julio de 1998.* Madrid: Castalia, 2000, vol. II: 695–702.

Machado, Antonio. *Poesía y Prosa. III. Prosas Completas (1893-1936)*. Ed. Oreste Macri. Madrid: Espasa Calpe, 1988.

Maestre, Javier. "Diario hacia tierras hondas. Influencias orientales en la poesía desnuda de Juan Ramón Jiménez". *Philobiblion: revista de literaturas hispánicas* (2015), 2: 57–74.

Paz, Octavio. "La tradición del *haikú*". *Los signos en rotación y otros ensayos.* Ed. Carlos Fuentes. Madrid: Alianza Editorial, 1971: 235–250.

Rodríguez-Izquierdo, Fernando. *El haiku japonés. Historia y traducción.* Madrid: Hiperión, 1994[2].

Villar, Arturo del. "Ernestina de Champourcin". *La Estafeta Literaria*, 556, (15 de enero). 1975: 10–15.

MAROŠ TIMKO

Univerzita Karlova v Praze

"CON LA MALETA HECHA". LA REALIDAD SOCIALISTA CHECOSLOVACA VISTA POR LOS EXILIADOS ESPAÑOLES

A pesar del cierto desinterés por los historiadores especializados en las relaciones entre España y Checoslovaquia en el siglo XX, el exilio español comunista en la época de posguerra sigue siendo uno de los más numerosos de los años 1950. En concreto, en el informe "La ubicación de los inmigrantes políticos españoles en Checoslovaquia con la fecha de 1.2.1952" se habla de 193 personas (113 adultos y 80 niños), divididas entre Praga (92 personas), Ústí nad Labem (una ciudad industrial en el norte de Bohemia), que recogía 97 personas y 4 personas en Brno (NAČR, MOÚV KSČ, c. 187, f. 652/174).

Los exiliados españoles llegaron a Checoslovaquia en tres olas: entre los años 1945–1947 vinieron los exiliados sobre todo de Francia, muchos de ellos dirigentes y cuadros destacados del PCE. El segundo grupo consistía en los oficiales españoles que llegaron con sus familias a Checoslovaquia desde Yugoslavia a finales de 1948. El último grupo fue el producto de la ilegalización del PCE en Francia en septiembre de 1950 y la subsecuente detención y expulsión de los comunistas del territorio francés al norte de África y a Córcega. Checoslovaquia era uno de los países del Bloque del Este, que ofreció asilo a aproximadamente un centenar de españoles que llegaron en el julio de 1951. Manuel Tagüeña Lacorte (1913–1971), físico y oficial durante la Guerra Civil y su mujer, Carmen Parga (1914–2004) pertenecían a la segunda ola proveniente de Yugoslavia y junto con sus hijas y la madre de Parga formaban el pequeño grupo de exiliados españoles residentes en Brno.

La familia Tagüeña y sus reflexiones sobre la Checoslovaquia socialista

En primer lugar hay que destacar, que a pesar de su oficial pertenencia al exilio comunista español, ambos cónyuges eran críticos con la política del partido (sobre todo después de la ruptura Tito-Stalin) y, como recuerda en su memorias Carmen Parga (que nunca fue miembro del PCE) les trataron como a "los heterodoxos" (Parga, 2007: 99). Tras la llegada, el grupo proveniente de Yugoslavia fue acogido en la estación de Praga por Antonio Cordón, uno de los dirigentes del partido y responsable del colectivo español. La familia de Tagüeña vivía al principio junto con otros españoles de Yugoslavia en una residencia en Hejnice (pueblo en la zona fronteriza de los Sudetes) y en febrero de 1949 eran trasladados a Brno, donde vivían aislados de los acontecimientos que tuvieron lugar en Praga (el centro del PCE para varios países del Bloque oriental) y no estaban en contacto con los dirigentes del partido. Uno de los pocos encuentros con los dirigentes tuvo lugar todavía en Hejnice, cuándo Tagüeña fue interrogado por Vicente Uribe, el "número dos" del PCE, acerca de su postura sobre la crisis yugoslava. Como afirma en su memorias, Tagüeña, consciente de que la vida de su familia estaba en juego, empezó a declarar: "Lo que le dije [a Uribe] fue que no comprendía la crisis a que habíamos llegado [. . .] y que deseaba volver a trabajar de físico, sin llegar a un rompimiento con el Partido [. . .]. Uribe me dijo que yo había cometido el error de pensar y de buscar causas y razones, cuando en estos casos no había más que obedecer y aceptar lo que decidía la URSS. . ." (Tagüeña, 1978: 358–9). El siguiente día Uribe le explicó que ellos no podían ir a Francia, pero que iba a pedir al PC checo para asegurarles unas buenas condiciones de vida en su profesión (359). Como alega Parga, la razón por la que tenían que quedarse en Checoslovaquia fue la presunta vacilación política de Tagüeña (Parga, 2007: 102). Ya en Hejnice, el grupo español se puso en contacto con varios excombatientes checoslovacos de las Brigadas Internacionales, que después del Golpe de Praga en 1948 desempeñaron unas funciones importantes dentro del aparato de Estado. Uno de ellos fue Artur London, el viceministro de Asuntos Exteriores; otro fue Otto Šling, el secretario del Partido en Brno (Tagüeña, 1978: 360, 363). La postura del PCE frente a la infalibilidad del partido soviético se puede encajar dentro de la política del sometimiento de los partidos comunistas a la voluntad de Moscú, demostrada por la creación de la Kominform (1947), una organización presuntamente internacional, cuyo buró se especializó en vigilar los partidos satélites y fue compuesto por los funcionarios soviéticos (Durman, 2004: 159). La heterodoxia y el desvío de la política soviética no eran tolerados –esta afirmación la demuestran las farsas judiciales en varios países del bloque soviético, que por ejemplo en Checoslovaquia llevaron el nombre del "Proceso contra el centro de conspiración liderado por Rudolf Slánský contra el Estado", siendo varios ex interbrigadistas (incluso London y Šling) víctimas de este proceso (Löbl, 1968). Obviamente, los contactos con estas personas complicaron la situación política de la familia Tagüeña y su experiencia con la represión estatal checoslovaca reforzó su decisión de salir del país.

La actitud crítica de familia frente al Partido Comunista viene demostrada ya en las primeras impresiones de Checoslovaquia: "Efectivamente los comunistas llevaban poco tiempo en el poder, todavía podían comprarse cosas, prescindibles e imprescindibles, que poco a poco fueron desapareciendo" (Parga, 2007: 100). Tagüeña en su testimonio conecta la campaña del reclutamiento al PC checo (que en 1948 tenía casi 2,5 millones de miembros) con la posibilidad del control total del país; pero añade, que los comunistas "ya en el poder, tenían que justificar su trayectoria cambiando toda la organización político-social del país y ligando su economía a la soviética, y de aquí tendría que venir la gran tragedia para la economía checa" (1978: 361). Continúa criticando la política del PC, alegando que en Checoslovaquia la clase media de la ciudad y del campo estaba acostumbrada a un nivel relativamente elevado de vida; para el proletariado, que normalmente poseía una casa, ya existía un seguro social; mientras que los comerciantes y los terratenientes eran expropiados en un intento de los comunistas checoslovacos de imitar la experiencia de la Unión Soviética. La nacionalización, la planificación centralizada y la subordinación de la economía a los intereses soviéticos trajeron consigo una caída de nivel de vida material y el descontento de la gran parte de población, que efectivamente resultó en el reforzamiento del aparato policíaco y su poder.

Por otro lado, las reflexiones sobre el pueblo checo, sobre la "gente común" eran positivas por parte de Parga, así como por Tagüeña. Parga recuerda cómo los exiliados españoles republicanos eran tratados por los checos como "los buenos" (en contraste con "los malos" nacionalistas), sin embargo, estos no comprendían, por qué los exiliados no podían regresar a España (Parga, 2007: 103). Su hija, Carmen Tagüeña Parga, en su testimonio añade, que en Brno "teníamos relación con los vecinos, que no sabían muy bien quienes éramos y eran muy amistosos con nosotros" (Tagüeña Parga, 2018: 225). También Manuel Tagüeña tiene buenos recuerdos de sus colegas checos en el Instituto de biología de la Facultad de Medicina, así como de sus vecinos y otros hispanoparlantes en Brno (Tagüeña, 1978: 363, 372).

Sin embargo, es posible que el hecho de vivir aislados del colectivo comunista español y al no explotar los beneficios regularmente ofrecidos por el PC a otros españoles produjera una compasión y compañerismo por la parte de los checos con una joven familia de inmigrantes. Así, la familia de Tagüeña tuvo que compartir con sus vecinos checos la agravante situación económica del país: "Nuestra situación económica no era ni con mucho tan buena como la que teníamos en Yugoslavia, pero infinitamente mejor que la que habíamos tenido en la URSS. Había cartillas de racionamiento; pero el abastecimiento estaba asegurado sin necesidad de hacer colas..." (Parga, 2007: 105). En el mismo sentido describe los problemas económicos tras su llegada a Brno Tagüeña: "Lo que nos maravillaba era recibir siempre lo designado en las cartillas, situación bien diferente a la que habíamos vivido en Rusia. . . En resumen, todas las privaciones pasadas en Rusia nos habían preparado perfectamente para esta vida. Los checos a veces se quejaban de cosas que a nosotros nos parecían muy aceptables" (Tagüeña, 1978: 364). La posición relativamente humilde de la familia viene también demostrada por la afirmación de su hija, que añade que su madre cosía y tejía el vestido para sus hijas y que ellos tenían que preparan las provisiones de patatas y manzanas del jardín compartido de su casa para el invierno (Tagüeña Parga, 2018: 224–225). De estos testimonios queda claro que la familia Tagüeña estaba acostumbrada, después de su estancia en la URSS, a una pésima situación económica y alimenticia y en este extremo no se quejaba de la realidad socialista checoslovaca. Pero se dio cuenta del empeoramiento de la situación económica y de la caída del nivel de vida de la población checoslovaca con el paso de años tras el Golpe de Praga de 1948. Estas afirmaciones vienen demostradas por las estadísticas oficiales: si la productividad industrial se triplicó entre los años 1949 y 1951, la ganancia bruta en industria cayó desde el nivel de 27.56 a 7.27 (Chalupecký, 2015: 13). Cabe añadir que en el año 1953 (el año de la reforma monetaria), los ingresos en industria bajaron al valor de 0,6 y la productividad decrecía casi ocho veces en comparación con el año 1951. La ganancia bruta en la economía nacional seguía una tendencia similar, incluso con una decadencia más radical en 1953.

A pesar de la pésima situación de la gran parte de la población de Checoslovaquia, varios sectores de la industria, sobre todo la militar, vivían un fuerte desarrollo y un aumento de la productividad. Este hecho fue el resultado del sometimiento de la producción checoslovaca a las órdenes de Moscú dentro de la nueva realidad de la Guerra Fría. Con el estallido de la Guerra de Corea (1950), en el Bloque oriental se llevaron a cabo los preparativos para un nuevo conflicto armado, cuyo resultado fue la militarización de los estados satélites: la reorientación de la producción del país a la industria pesada, el desarrollo de la industria armamentística y el aumento de número de tropas. Así, en Checoslovaquia la producción de armas experimentó entre los años 1950–53 un incremento de 100% a 453% y el presupuesto del Ministerio de Defensa aumentó de 15,5% del presupuesto nacional (1950) a 19,7% en 1953 (Bílek y Láník y Šach, 2006: 146). También Tagüeña observó esta militarización progresiva del país: "Toda la economía del país se iba subordinando a este objetivo [. . .]. Se veían por las calles muchos más militares con uniformes nuevos [. . .]. Miles de cadetes bien vestidos, alimentados y pagados [. . .]. Era algo tan desproporcionado a las posibilidades de Checoslovaquia, que sólo la inminencia de una guerra en Europa podía explicar la magnitud de la empresa" (Tagüeña, 1978: 373). Carmen Parga menciona en sus memorias la militarización de Checoslovaquia solo entre paréntesis, pero también alega, que las democracias populares se preparaban para la conversión de la Guerra Fría en un conflicto "caliente" (Parga, 2007: 113–114). Hoy en día se sabe, que sus predicciones sobre la guerra en Europa no se cumplieron y la militarización del Bloque oriental sirvió en Europa solo como una balanza del avance tecnológico del Bloque occidental. Sin embargo, la militarización de Checoslovaquia y el sometimiento de la economía y producción nacional a los intereses soviéticos dañaron la población no solo desde el punto de vista económico.

Por otro lado, Tagüeña, así como Parga, dedicaron una parte significativa de sus memorias a la reforma monetaria checoslovaca del 1953, siendo sus reflexiones profundamente negativas. El objetivo de la reforma monetaria del 1 de junio de 1953 era solucionar el problema con la carencia de los bienes de consumo y aumentar el poder adquisitivo de la población; sin embargo, su resultado fue la perdida de una gran cantidad de ahorros por parte de los ciudadanos. La reforma monetaria se llevó a cabo, a pesar de las previas aseguraciones del presidente checoslovaco Zápotocký de que no habría ninguna reforma, durante el fin de semana y trajo consigo el fin del racionamiento. Parga recuerda: "Un día después de una campaña de rumores y contrarrumores, amanecimos con la noticia de la reforma: una corona nueva valía por cinco de las antiguas [. . .] en los bancos solamente cambiaban tres mil coronas viejas por persona. El resto del dinero lo cambiaban en la proporción cincuenta a uno" (Parga, 2007: 126). Añade que se trataba de un rudo golpe para la economía familiar. Los recuerdos de Tagüeña sobre la reforma son similares: "Un sábado [. . .] el gobierno publicó el decreto [. . .] El lunes siguiente era día de pago y todos los sueldos se darían en coronas nuevas [. . .] los precios se rebajaban en la misma proporción, de modo que el poder adquisitivo, aparentemente, no cambiaba [. . .] hubo de hecho un encarecimiento general; pero al menos había algo que comprar. Lo peor fue para los que tenían dinero ahorrado [. . .] Hubo numerosos intentos de suicidio" (Tagüeña, 1978: 396). Tagüeña agrega que la reforma monetaria era favorable para el gobierno, ya que los impuestos y otras contribuciones al estado se pagaban a razón de cinco por uno, pero los pagos estatales se efectuaron en la proporción de cincuenta a uno. La situación era especialmente inconveniente para Parga, que recibió su sueldo como lectora por el curso completo tras el fin del año, lo que significaba que en el año 1953 cobraba diez veces menos de lo que debería (Parga, 2007: 127). Según los testimonios de los cónyuges, se puede asumir que la reforma monetaria no tuvo unas consecuencias devastadoras para la familia Tagüeña, su ventaja podría en este caso ser la inexistencia de unos ahorros notables durante solo un par de años pasados en Checoslovaquia. Sin embargo, el resto de la población checoslovaca (y sobre todo la gente de edad) sufría las graves consecuencias de la reforma –las pérdidas totales del cambio del efectivo y del cálculo de los depósitos alcanzaron el nivel de 8,525 mil millones de nuevas coronas checoslovacas (Šustek, 2014: 16). La posibilidad de generar unos ahorros considerables fue limitada, estas podían aparecer solamente después de la venta de inmobiliarias, tras la herencia o mediante estraperlo. El aumento de los precios fue compensado por el aumento de los salarios, sin embargo, ayudó sobre todo a las personas con salarios bajos. Como la mejor prueba del descontento de la población con la reforma monetaria del 1953 sirven más de 8.000 quejas que recibieron los órganos dirigentes del país (Šustek, 2014: 16–19).

Teniendo en cuenta la amarga experiencia de la familia Tagüeña en la URSS, su posición crítica hacía el PC soviético y su postura frente a la ruptura Tito-Stalin, no sorprenden sus reflexiones acerca de la muerte de Stalin. De un modo bastante cínico, Tagüeña recuerda como "al regresar aquella tarde a mi casa, compré una botella de vino [. . .] Cuando las niñas y la abuela dormían ya, ante la sorpresa de mi mujer puse sobre la mesa la botella de vino y brindamos los dos [. . .] Era la mejor noticia que habíamos recibido en mucho tiempo" (Tagüeña, 1978: 393). Las raíces de este resentimiento personal se pueden rastrear hasta su estancia en la URSS, más tarde eran reforzadas en el conflicto de Stalin con Tito e indudablemente culminaron tras las purgas dentro del propio PC Checoslovaco a principios de los años 1950, ordenadas por Moscú. Primeras detenciones de los miembros del "centro de conspiración contra el Estado" empezaron ya en otoño de 1949, tras el proceso con László Rajk en Hungría. Tagüeña, al conocerse personalmente con varios acusados (London, Šling) y al ser abiertamente crítico con el PCE recibió en abril de 1952 un citatorio para presentarse en la Seguridad. Su mujer, que fue también interrogada por los agentes en su casa recuerda, como fue preguntada sobre las relaciones con la familia de Šling y añade, que era un relevo saber, que los interbrigadistas (única conexión para acusar a Tagüeña) no figuraron en este proceso (Parga, 2007: 115–116). El mismo Tagüeña alega, que mientras esperaba en la policía para su interrogatorio, "me arrepentí de haber consagrado lo mejor de mi vida a una causa capaz de devorar a sus mismos servidores [. . .]. Allí mismo hice el firme juramento de romper para siempre con todo lo que representaba el "comunismo al estilo ruso", que, por cierto, parecía ser el único posible en un mundo dominado en parte por el poderío soviético" (Tagüeña, 1978: 387–388). Los conyugues afirman que su impasibilidad y su simulada ingenuidad les ayudó en el interrogatorio y como todavía algún tiempo después seguían siendo vigilados por los agentes de seguridad. Sin embargo, las alegaciones de Parga acerca de los miembros de Brigadas Internacionales no son precisas: varios acusados en el proceso con el centro de conspiración de Slánský han sido interbrigadistas, no obstante, las acusaciones contra ellos se basaron sobre todo en el espionaje, titoísmo y trotskismo, mientras que eran designados como traidores y "nacionalistas burgueses" y no eran acusados de ser miembros de las Brigadas Internacionales. Es verdad, que los ex-interbrigadistas han sido perseguidos y encarcelados o ejecutados, pero no había un proceso colectivo con la acusación principal de ser interbrigadistas. Uno de los encarcelados exinterbrigadistas O. Hromádko recuerda: "Era decidido, que tras la condenación de Slánský [. . .] se van a llevar a cabo interrogatorios secretos de aproximadamente 200 comunistas destacados [. . .]. Los primeros deberían ser los voluntarios españoles. La mayoría de ellos se defendió apretadamente, no era posible juzgarlos colectivamente y por eso era decidido no realizar el ya preparado proceso" (Hromádko y Bouček, 2017: 105).

Con respecto a la amarga experiencia de la vida cotidiana en un país socialista y con la represión en Checoslovaquia de los años 1950, no sorprende, que la familia Tagüeña decidió marcharse a México. Obviamente, con las fronteras cerradas, salir a un país fuera del Bloque oriental no era una tarea fácil; Tagüeña describe detalladamente en sus memorias la complejidad de la burocracia checoslovaca y todas las autorizaciones indispensables para su salida. Estas consistían en la carta de invitación para realizar investigaciones emitida por la UNAM; el visado a México emitido por la legación mexicana; el permiso oficial para su entrada en México; la autorización para salir del país emitida por los PC checoslovaco y español; el permiso del Ministerio de Finanzas para poder pagar el viaje en coronas; no olvidando la incesable investigación policíaca de la familia (Tagüeña, 1978: 405–410). Pero, después de finalizar todos estos procedimientos y tras unas largas entrevistas presionantes con los funcionarios comunistas, la familia Tagüeña podía salir de Checoslovaquia en el octubre de 1955. Sin embargo, como recuerda su hija, al separarse definitivamente del exilio comunista español y al llegar a un país fuera del Bloque socialista, en México "fue la primera vez que tuvieron que buscar trabajo y poner casa" (Tagüeña Parga, 2018: 225). El traslado al "Nuevo Mundo" trajo consigo nuevos desafíos.

La familia Líster y la invasión de Checoslovaquia en 1968

Enrique Líster Forján (1907–1994), un destacado oficial y político comunista ya durante la Guerra Civil, se convirtió tras la Segunda Guerra Mundial en uno de los principales dirigentes del PCE. Después de la expulsión de los comunistas españoles de Francia, Líster llega en 1951 a Praga, donde reside con su familia hasta el año 1956, con el cargo del responsable de la emigración española en el Bloque oriental. Después de las vacaciones de verano de 1968 en la URSS; Líster, junto con su hijo Enrique (nacido en Moscú y formado en la URSS y Checoslovaquia) y el resto de la familia, llega a Praga el día 19 de agosto de 1968, dos días antes de la invasión y se aloja en el famoso Hotel Praha.

En cuanto al primer día de la invasión, Enrique Líster López (hijo), que había pasado la noche previa bebiendo con sus amigos, fue levantado por su padre con la justificación de que llegaron los Ejércitos del Pacto de Varsovia. Las primeras impresiones del hijo, publicadas en su diario, son: "Me levanto y, sin comprender del todo lo que ocurre, me asomo a la ventana [. . .]. Veo la densa y comprimida columna de manifestantes que avanza lentamente hacia la Plaza de la Vieja Ciudad [. . .] Centenares de antorchas, decenas de banderas, muchos puños en alto" (Líster López, 2008: 120). Antes de las cinco de la madrugada, los Líster salieron del hotel al centro de Praga. El hijo alega, que ya tan temprano Praga estaba en pie, mientras que "jóvenes, melenudos como yo y excitados, vociferan, reparten octavillas [. . .] leo rápidamente. . . ¡NO A LA INVASIÓN! ¡NO TRAICIONAREMOS!" (124). La subsecuente pregunta de su padre dice mucho sobre la postura del general Líster frente a la invasión de Checoslovaquia: "¿A quién no traicionarán?" ¿Al socialismo?".

Desafortunadamente, el testimonio de Enrique Líster Forján sobre la ocupación de Checoslovaquia en 1968 publicado en sus memorias *Así destruyó Carrillo el PCE* no es tan detallado y no se puede averiguar esta afirmación. Sin embargo se sabe que el general Líster, así como la mayoría de los dirigentes del PCE, consideraban la invasión soviética en general un error (Líster Forján, 2019: 5). Así lo demuestra el diario de su hijo: "Para Líster se trata, sin duda, de un grave error, pero hay que esperar un par de días para tener más información. Lo importante es que se ha evitado un enfrentamiento armado. Esto es la prueba de que no existía en el país un peligro de golpe militar o de sublevación contrarrevolucionaria" (Líster López, 2008: 133). Pero parece que el general Líster empezó poco a poco cambiar su opinión en cuanto a la situación en Praga y sobre todo en cuanto a "los provocadores antisoviéticos". Ya el cuarto día de la invasión alega: "Hay gente honesta que manifiesta contra la intervención [. . .] Y hay otros [. . .] que manifiestan su hostilidad al socialismo [. . .]La gente sabe que muchos de esos manifestantes son verdaderos elementos antisocialistas, que están dispuestos a linchar a todo aquel que se atreva a oponerse a manifestaciones abiertamente antisoviéticas" (212). Además, tras salir de Praga y llegar a París, parece que su postura frente a la oposición popular checa a la invasión endureció. En la reunión del Comité Central del PCE en el septiembre de 1968, en su intervención sobre la invasión de Checoslovaquia dijo: "Pero negar de que en la radio, en los periódicos, en las universidades y otros lugares no había elementos antisocialistas, no había elementos derechistas, no había, en una palabra, una actividad contrarrevolucionaria, es negar la evidencia. . ." (Líster Forján, 2019: 187). Una de las posibles explicaciones del giro de Líster es su fuerte orientación hacía la URSS, así como el culminante conflicto con el secretario general del PCE Santiago Carrillo, un crítico de la tutela infalible de la URSS. Esta hipótesis viene demostrada por el hecho de que el pretexto para la invasión fue la necesidad de una ayuda fraternal de los ejércitos del Pacto de Varsovia en la supresión de la contrarrevolución en Checoslovaquia, teniendo en cuenta la existencia de una carta de invitación para las fuerzas soviéticas, firmada por los "moscovitas" checoslovacos (Janáček y Michálková, 1993).

Obviamente, la presunta contrarrevolución no era nada más que un intento de liberalizar la política y economía socialista y democratizar la sociedad checoslovaca, el período conocido como la "Primavera de Praga", siendo el secretario general Alexander Dubček uno de sus líderes. La prueba de la inexistencia de la contrarrevolución, ni del terrorismo reaccionario es la descripción de la situación en Praga por Líster López ya el primer día de la invasión y la confusión por la parte de la población checa, así como por los soldados ocupantes: "Muchos civiles están subidos sobre las máquinas, sentados al lado de los soldados. . . Las preguntas de los praguenses son casi siempre las mismas: "¿Por qué habéis venido?", "¿No veis que aquí no pasa nada?". Las respuestas de los soldados también son las mismas: "No hemos venido, sino que nos han traído"" (Líster López, 2008: 133). También el propio Enrique Líster López alega, con respecto al tiroteo que tuvo lugar en la Plaza de Wenceslao, que no se trató de una acción de terroristas, sino de una confusión dentro del ejército soviético. Pero añade que había fuerzas hostiles al socialismo, que según su opinión siempre habían existido en Checoslovaquia y en aquel momento enseñaban su cara – transmitiendo carteles en los que se comparaba el Ejército Rojo con la Wehrmacht (140). Naturalmente, es comprensible la crítica de las fuerzas antisocialistas por la parte de Líster López: al ser hijo de un destacado dirigente comunista, educado en países del Bloque oriental, siendo militante comunista desde muy joven y miembro del PCE, tampoco sorprende su inclinación al socialismo y al modelo soviético.

Como ya fue mencionado, tras la ocupación de Checoslovaquia en 1968 culminó el cisma dentro del PCE. Líster, ya antes crítico hacia Carrillo, empezó a partir de 1969 con una confrontación abierta con este. El resultado final fue el aislamiento de Líster, su expulsión del PCE y la fundación por el propio Líster del Partido Comunista Obrero Español en 1973, un partido de ideología marxista-leninista y de línea prosoviética, lejana a la idea del eurocomunismo de Carrillo. En cuanto a las diferencias entre él y Carrillo frente a la invasión de Checoslovaquia, Líster alega: "Yo, como marxista-leninista convencido, he defendido siempre [. . .] lo que representa la URSS históricamente y en la actualidad [. . .] Y ahí reside la profunda diferencia entre mi desacuerdo con la intervención de agosto de 1968 [. . .] que no va más allá del desacuerdo sobre ese hecho concreto y los ataques [. . .] y en cabeza Carrillo, contra todo lo que representa la URSS" (Líster Forján, 2019: 192). Líster acusaba a Carrillo del abuso de la crisis en Checoslovaquia para la ruptura completa del PCE con la URSS, hablaba de su revisionismo y antisovietismo, lo que presuntamente convirtió el desacuerdo y desconfianza con los dirigentes del PCE por la parte de muchos militantes en "una explosión colectiva" dentro del Partido (189). A su vez, muy crítico a la política del PCE bajo Carrillo y a las maniobras de su secretario general fue también el hijo de Líster, sobre todo con respecto a la publicación de este diario y las intervenciones en su contenido.

Enrique Líster López describe la situación en Praga durante la primera semana de la ocupación, hasta el día 28 de agosto, cuando se fue a Paris. La postura del pueblo checo frente a los ocupantes ya en los primeros días está escrita por él como "la resistencia pasiva". Sin embargo, añade, que ya el segundo día de la ocupación la situación en las calles y la actitud de la sociedad ha cambiado demasiado: "Ambiente en la calle es más agitado que el día anterior [. . .]. Cuando pasan los tanques o los camiones soviéticos los praguenses les silban y les hacen gestos hostiles [. . .]. Los carteles y escritos [. . .] son más agresivos. Al lado de lo nacional aparece lo francamente reaccionario y abiertamente anticomunista" (Líster López, 2008: 160). Estas afirmaciones vienen complementadas con unas descripciones del murmullo presente en las calles sobre los muertos y heridos. A pesar del escepticismo del Líster frente a todo tipo de noticias que se difundían en los primeros días de la ocupación, las noticias sobre los ciudadanos asesinados por los soldados pueden ser explicadas como la razón de la hostilidad popular. Cabe añadir, que el número de los ciudadanos checoslovacos muertos a causa de la invasión alcanzó hasta el fin del año 1968 la cifra de 137 (con 500 gravemente heridos), mientras que el ejército soviético sufrió las bajas de 104 muertos (Pejčoch y Tomek, 2017: 267, 287).

Ya era mencionado que la familia Líster fue alojada a partir del 19 de agosto en el Hotel Praha. Este hecho causó un problema para los Líster, ya que este hotel era considerado el centro de los colaboradores y sus residentes tenían miedo de salir y entrar al edificio desde la calle. El hijo de Líster recuerda: "Carteles y pintadas en las paredes indican a los delegados que no se dirijan al Hotel Praha, que se ha transformado en el centro de los colaboracionistas [. . .]. A partir de ahora, cada vez que salgo y entro en el hotel me parece que la gente en la calle me mira como a un colaboracionista y como un candidato a la horca" (Líster López, 2008: 163). En forma de chiste añade, que los residentes españoles y latinoamericanos del hotel son ahora los responsables por la invasión. Ahora bien, es comprensible la exasperación por la parte de Líster de ser amenazado y acusado de colaboracionista, sobre todo teniendo en cuenta que su estancia en Praga durante la invasión fue en realidad una coincidencia. Pero, y como el mismo Líster recuerda, en la noche del 21 de agosto había una reunión de varios dirigentes del PC checoslovaco en el Hotel Praha (161). En la reunión en este hotel fue denominada una delegación para negociar con el embajador soviético y para conseguir la liberación de los detenidos representantes checoslovacos, mientras que se pidió la tranquilidad de población (Povolný, 2010: 27). Teniendo en cuenta, que los detenidos y deportados a Moscú eran, como los denomina el propio Líster López "los progresistas o liberales" (Dubček, Kriegel, Smrkovský, Černík) y que la delegación checoslovaca regresó de la URSS el día 27 de agosto, no sorprende que los dirigentes reunidos en el Hotel Praha eran designados como colaboracionistas, teniendo en cuenta también, que "los conservadores" salieron, sin ser detenidos, a Moscú el día 23 de agosto (31, 122).

Una de las principales diferencias entre Líster y Carrillo en cuanto a la invasión de los Ejércitos de Pacto de Varsovia fue su concepción general de los acontecimientos de Checoslovaquia. El hijo de Líster recuerda las alegaciones de su padre ya el cuarto día de la ocupación: "–Este asunto de Checoslovaquia–me dice–, se arreglará. Quedará como un mal, un pésimo recuerdo, pero otros problemas más importantes vendrán..." (Líster López, 2008: 214). A su vez, el propio general Líster en sus memorias recuerda la distinción entre la posición de Carrillo y la suya con respecto a la invasión. Para Líster Forján, "el problema de Checoslovaquia es un problema en sí, que se termina donde se produjo. Por el contrario, para los carrillistas de todo tipo es la ocasión para sacarse la careta, entrar a fondo en el proceso de revisión del marxismo..." (Líster Forján, 2019: 192–193). Pues, parece claro, que la invasión de Checoslovaquia, entendida por ambos como un error, sirvió en el caso de Carrillo como una razón para criticar abiertamente la URSS, romper su fidelidad a Moscú e iniciar su propio camino hacia socialismo (Treglia, 2015: 227–228), mientras que general Líster entendió la invasión como un fallo disimulable, que no debía provocar el antisovietismo de los comunistas españoles y no podía amenazar la tutela de la URSS.

Sin embargo, no había discordancias solo entre los dirigentes del PCE. Como ya era mencionado, en Checoslovaquia existían dos grandes colectivos de los exiliados comunistas españoles, uno en Praga y el segundo en Ústí nad Labem.

Este último adoptó, tras la ocupación de Checoslovaquia, una postura afirmativa en cuanto a la invasión. Líster López en sus memorias afirma, que la postura del colectivo español en Praga fue prudente y oportunista – los miembros de la colonia española praguense, que formaban el centro burocrático del PCE, tenían durante los primeros días mucha precaución en adoptar una posición firme con respecto a la invasión, por el miedo de perder su puesto de trabajo (Líster López, 2008: 232–233). Sin embargo, en Ústí, "la casi totalidad de la dirección y de la base se pronunciaron desde un comienzo por la intervención. Sin duda, esa postura radical y clara se explica por la composición social de ese colectivo, constituido esencialmente de proletarios. Y los proletarios. . . no tienen nada que perder en la lucha. . ." (233). Teniendo en cuenta la posición oficial del PCE que condenaba la invasión y el hecho de que no había purgas partidarias masivas en el colectivo de Ústí, se puede asumir, que más probablemente la mayoría de la colonia española rectificó más tarde su postura en conformidad con el Partido. En cuanto a la antes citada afirmación de Líster López, es posible añadir que su visión marxista de la sociedad en un país socialista necesita una rectificación: para el proletariado reclamante, en la Checoslovaquia socialista siempre había algo que perder – el trabajo calificado, la posibilidad del estudio de los hijos, la limitada posibilidad de viajar o incluso la propia vida. Eran muy pocos los que podían, así como lo hizo Enrique Líster López, viajar sin problemas al "Occidente capitalista".

BIBLIOGRAFÍA CITADA

Fuentes primarias

"La ubicación de los inmigrantes políticos españoles en Checoslovaquia con la fecha de 1.2.1952". Národní archiv České republiky (NAČR), fondo: Mezinárodní odbor ÚV KSČ (MOÚV KSČ), caja 187, folio 652/174.

Hromádko, Ota y boušek, Jaroslav. *Jak se kalila voda: výbor z kriminálních příběhů a úvah*. Praga: Epocha, 2017.

Líster Forján, Enrique. *Así destruyó Carrillo el P.C.E.* Omegalfa: Biblioteca Libre, 2019.

Lister López, Enrique. *Praga, Agosto 1968. Páginas De Un Diario Personal.* Guadalajara: Silente, 2008.

Parga, Carmen. *Antes Que Sea Tarde*. México: Porrúa, 2007.

Tagüeña Lacorte, Manuel. *Testimonio De Dos Guerras*. Barcelona: Editorial Planeta, 1978.

Tagüeña Parga, Carmen. "Testimonio de Carmen Tagüeña Parga". En: Eiroa San Francisco, Matilde. *Españoles tras el Telón de Acero. El exilio republicano y comunista en la Europa socialista*. Madrid: Marcial Pons Historia, 2018: 221–227.

Fuentes secundarias

Bílek, Jiří; Láník, Jaroslav y Šach, Jan. *Československá armáda v prvním poválečném desetiletí. Květen 1945 – květen 1955*. Praga: Mininsterstvo obrany České republiky, 2006.

Durman, Karel. *Popely ještě žhavé: velká politika 1938–1991. Díl I., Světová válka a nukleární mír 1934–1964*. Praga: Karolinum, 2004.

Chalupecký, Petr. "Open and repressed inflation in Czechoslovakia in 1945–1953". *History of Inflation*. European Association for Banking and Financial History, Praga. 15 Mayo 2015. Web: 1–27. 29 Oct. 2019 <http://bankinghistory.org/wp-content/uploads/Petr-Chalupecky-Repressed-and-open-Inflation-in-Czechoslovakia.pdf.>.

Janáček, František y Michálková, Marie. "Příbeh zvacího dopisu". *Soudobé dějiny*. No. 1. 1993: 87–101.

Löbl, Eugen. *Svedectvo o procese s vedením protištátneho sprisahaneckého centra na čele s Rudolfom Slánskym*. Bratislava: Vydavateľstvo politickej literatúry, 1968.

Pejčoch, Ivo y Tomek, Prokop. *Okupace 1968 a její oběti: nové pohledy na invazi armád Varšavské smlouvy do Československa roku 1968, počátek okupace a její oběti*. Praga: Vojenský historický ústav, 2017.

Povolný, Daniel. *Vojenské řešení Pražského jara 1968. II., Československá lidová armáda v srpnu 1968*. Praga: Ministerstvo obrany ČR – Prezentační a informační centrum MO, 2010.

Šustek, Zbyšek. "Menová reforma v Československu v roku 1953 a jej hospodársko-politické pozadie". *Pamäť národa*, 10, 1 (2014): 3–29.

Treglia, Emanuele. "El PCE y el movimiento comunista internacional (1969–1977)". *Cuadernos de Historia Contemporánea*, 37 (Nov. 2015): 225–255.

LUIS A. ESTEVE JUÁREZ

GEXEL-Universitat Autònoma de Barcelona

VIDA ENTRE PARÉNTESIS, DE ANTONIO OTERO SECO: LAS CÁRCELES DE FRANCO CONTADAS DESDE EL EXILIO*

A la memoria de Alfonso Esteve: Porta Coeli, San Miguel de los Reyes, Palacio de las Misiones, Universidad de Huesca, Capuchinas de Barbastro, El Dueso; y de Carmen Juárez, batalladora de conmutaciones de pena.

Antonio Otero Seco (1905–1970) inició su carrera como escritor y periodista en los años veinte. En los treinta se dedicó preferentemente al periodismo de calle como recordaba Jesús Izcaray (Homenaje, 1971: 12), compañero de andanzas y de redacción. Tras la sublevación de julio de 1936 prosiguió su labor en *Mundo Gráfico* y en otros medios. Pocos meses después firmaba con Elías Palma *Gavroche en el parapeto* (1936), la primera novela de la Guerra Civil (Mañá, 1995: 48; Mañá, 1997: 302). Tras la caída de Madrid permaneció en la capital, fue detenido, sometido a un Consejo de Guerra y condenado a muerte. Posteriormente se le conmutó esa pena por la de prisión. Al salir de la cárcel colaboró en la prensa clandestina en los años cuarenta y acabó huyendo a Francia. Tras unos años precarios, consiguió hacerse un hueco académico y periodístico; pero en España se había convertido en un desconocido (a pesar de sus colaboraciones *Le Monde*) salvo para quienes conocían los volúmenes publicados por la Université de la Haute Bretagne en Rennes, donde había ejercido la docencia.

Los dos volúmenes editados por los profesores Francisco Espinosa y Miguel Ángel Lama (Otero Seco, 2008a; 2008b) vinieron a remediar este olvido. En ellos se incluía un texto inédito, *Vida entre paréntesis*, que se sumaba a la obra

* Este trabajo forma parte del proyecto de investigación *La historia de la literatura española y el exilio republicano de 1939; final* (FFI2017-84768-R), dirigido por Manuel Aznar Soler y José-Ramón López García, financiado por el Ministerio de Economía y Competitividad.

ya conocida. Al no ser una versión definitiva, la edición presentaba algunos problemas que los editores resolvieron con discreción. Y quizá hubiera resultado interesante la lectura de las páginas escritas de *98, rue du Temple*, sobre el exilio en Francia (Martín Gijón, 2007: 1181).

Vida entre paréntesis es una narración de 104 páginas (Otero Seco, 2008b: 49–153) de base autobiográfica en la que el autor *recrea* su experiencia vital: detención, juicio y condena, prisión. . .[1]. Escrita en primera persona, no responde exactamente a lo que entendemos por memorias u otras formas afines tan cultivadas en el exilio y sí encaja mejor bajo el marbete de *autoficción* (Botrel, 2013).

Por otra parte, quienes nos habíamos acercado a su figura teníamos noticia (Mañá 1997; 303) de un texto, "Dans les prisons d'Espagne et dans la cladestinité" (Y. . ., 1952a, 1952b), publicado en la revista de Sartre *Les Temps Modernes* como anónimo[2] por las razones que explicaba su traductora Elena de la Souchère[3]. Esta justificaba así la finalidad del texto en la nota inicial: "L'auteur de ce *récit* aurait sans doute gardé le silence si je ne l'avais encouragé a divulguer de faits typiques du 'climat' très particulier de l'univers concentracionaire franquiste". Y añade que la pretensión de esa política represiva, posterior a la eliminación de los cuadros, no es destruir físicamente a los presos, sino "de briser sa volonté et de 'refaçonner' son esprit". La finalidad informativa condiciona el laconismo del autor, que se ciñe a enumerar los hechos desde su detención hasta su huida de España y dedica las líneas imprescindibles a la descripción de las condiciones de las cárceles, la vida cotidiana y algunos personajes. Este relato constaba de treinta y tres páginas y estaba compuesto por una introducción

1 Hay otros relatos sobre las prisiones franquistas. Por ejemplo, Rafael Sánchez Guerra, *Mis prisiones* (1946), Mercedes Núñez, *Cárcel de ventas* (1967); o tras el fin de la dictadura, *Republicanos de catacumbas* (1997) de Régulo Martínez, *Réquiem por la libertad* (1983) de Ángeles [Ortega] García-Madrid, prólogo de Acacia Uceta; Consuelo García, *Las cárceles de Soledad Real* (1982).

2 Como dice la traductora: "Le nom de ce témoin sera devoilé, le jour où sortiront de l'ombre tous les secrets de la lutte clandestine: lorsqu'il n'y aura plus en Espagne ni prisonniers politiques, ni camps de concentration". Debemos añadir que en 1952 su esposa e hijos aún residían en Madrid, por lo que existía el riesgo de que sufrieran alguna represalia. En la misma revista, dos años antes, se había publicado *El fin de la esperanza* bajo el pseudónimo de "Juan Hermanos" (¿Marc Saporta?).

3 Elena Ribera de la Souchère (1916–2010), intelectual y escritora francesa. Desde 1936 se posicionó en defensa de la República y después en defensa de la democracia en España. La necrológica dedicada por Juan Goytisolo en *El País* (10 de junio de 2010) resulta suficiente para una primera aproximación. También en http://biblioteca-paris.blogs.cervantes.es/2010/06/09/elena-ribera-de-la-souchere-1916-2010/

y nueve apartados cada uno con su epígrafe. Los cinco primeros narraban la detención, el juicio y la estancia en las prisiones; los cuatro últimos, la vida cotidiana, la clandestinidad y las persecuciones policiales hasta su huida.

En *Vida entre paréntesis* la acción detiene su transcurrir temporal en la salida del penal de El Dueso y el inicio del viaje hacia Madrid. La materia narrativa coincide con los cinco primeros apartados del texto primitivo; sin embargo, su extensión es mucho mayor. El autor se ha desprendido de la acuciosa necesidad informativa inmediata y nos hallamos ante el proyecto de una novela o relato de base autobiográfica —autoficción o *personal narrative*[4]— en el que la descripción de las cárceles, de la vida cotidiana en ellas o de algunos personajes adquieren una mayor relevancia y que se hallaban muy reducidas o no habían tenido cabida en 1952—quizá por razones de adaptación[5].

Comencemos por el título: *Vida entre paréntesis*. Su sentido no queda definido: ¿el paréntesis son los años de prisión? Si es así, es posible considerar que el texto está completo; pero, si el autor se refería también al período de clandestinidad y la partida al exilio, el relato quedó truncado. Incluso se puede acudir a la especulación: la vida que se había desarrollado hasta 1939 quedaba en suspenso y solo se podría reanudar tras el regreso en libertad; esto es, se había abierto un paréntesis en su vida. En tal caso, el texto del que disponemos era susceptible del desarrollo narrativo de los acontecimientos posteriores. Sin embargo, a falta de indicación del autor esto no pasa de ser una hipótesis que tiene en cuenta la expectativa de tantos exiliados que habían reorganizado su vida con la vista puesta en la vuelta tras el fin de la dictadura.

La primera impresión al leerla nos retrotrajo a la nota preliminar de *Gavroche en el parapeto* (Palma y Otero Seco, 1937: 9):

> Esto no es una novela ni un libro de reportajes, aunque en puridad puede ser cualquiera de estas cosas, si aceptamos la definición sthandaliana [sic] de que "una novela es un espejo paseado al borde de un camino" y la definición moderna del reportaje: "ver, oír y contar". Pero en el sentido corriente de estos dos casilleros literarios, este libro no es un reportaje ni una novela. Para lo primero le sobra intimidad; para lo segundo le falta fantasía.

---

4 Es el término que utiliza Charles L. King en *Ramón J. Sender: An Annotated Bibliography, 1928–1974* (1976: 41) para clasificar y describir el libro de Ramón J. Sender *Contraataque* (1938), donde el autor relata sus experiencias en los primeros meses de la guerra. La analogía es fácil: ambos convierten en un relato extenso no solo lo visto u oído, sino lo convivido.

5 En la última página (1952: 2287) aparece esta indicación "Traduit et adapté par Elena de la Souchère". Al carecer del original, puede conjeturarse lo que se desee, pero sin base firme.

El autor ve, oye y cuenta lo vivido, visto y oído —siempre fue periodista—, mas tampoco es un reportaje, un simple espejo, porque él es al tiempo partícipe y testigo, nos cuenta lo vivido con los demás, lo convivido[6]: el narrador no se limita a la peripecia propia, sino también a la de quienes comparten con él aquella situación. El relato no gira exclusivamente en torno a su persona a pesar de ser un narrador homodiegético, sino que tiene un carácter colectivo, porque el escritor forma parte de aquel conjunto que comparte su destino, lo que aleja el texto de las puras memorias de aquel período en las que quien más, quien menos, intenta una justificación tan cierta como queramos, pero justificación al fin.

La inserción de las notas y la interpolación de las páginas sueltas sobre la vida en la prisión de Porlier (Otero Seco, 2008 b: 78) da lugar a un relato lineal, lo que permite, basándonos en la sucesión temporal de los acontecimientos, establecer siete secuencias: 1) la caída de Madrid y el intento de abandonar la capital del que desiste (49–66); 2) la búsqueda de refugio en casa de los padres, la caza del «rojo» y detención en la Dirección General de Seguridad (66–77); 3) el traslado a la prisión de Porlier en espera de juicio y la vida cotidiana en ella (77–92); 4) la instrucción del proceso y el Consejo de Guerra sumarísimo (92–112); 5) la vuelta a Porlier, ahora en la galería de los condenados a muerte (112–120); 6) al serle conmutada la pena de muerte, el traslado y la estancia en la prisión de El Dueso (120–142); 7) la puesta en libertad vigilada e inicio del viaje hacia Madrid (142–153).

La primera secuencia nos sitúa temporalmente: Son las nueve de la mañana del 29 de marzo, cuando la "quinta columna" comienza a hacerse dueña de Madrid. El narrador evoca una reunión la noche anterior (Otero Seco, 2008b: 50) en la que Julián Besteiro da sus últimas instrucciones a los directores de los periódicos: describe la actitud de estos, comenta con acritud esas instrucciones y describe con melancolía la figura del político (Otero Seco, 2008 b: 53–56). En esta escena se inserta la primera nota del autor: "El documento entregado por don Julián Besteiro a los directores de periódicos decía, textualmente, lo siguiente: 'ORIENTACIÓN DE LA PRENSA'". Y reproduce literalmente el texto completo (Otero Seco, 2008b: 50–52 n.). Esta nota nos plantea una cuestión clave porque apunta a que nos hallamos ante una reelaboración literaria[7].

6 Término que acuña Rosa Chacel para designar la actitud de quienes no han permanecido ciegos a la vida de la calle en «Cultura y pueblo» (Chacel, 1937).

7 Debo agradecer la orientación recibida para abordar esta cuestión del amigo y novelista Javier Quiñones, autor de *Años Triunfales. Prisión y muerte de Julián Besteiro*

Besteiro impartió estas orientaciones en una reunión con los directores de periódicos el día 18, según Regina García[8], directora de *La Voz*. Ello no obsta para que la tarde del 28 hubiera un grupo de 24 personas en el despacho de Besteiro, quien intentó una última alocución radiada, interrumpida al ser ocupada Unión Radio por la "quinta columna", según Sánchez Guerra[9]. El relato de esa reunión con los periodistas (Otero Seco, 2008b: 50–56), a la que es posible que asistiera nuestro autor, refleja el ambiente imperante en el despacho de Besteiro e ignoramos si los comentarios al contenido de la "Orientación" se basaban en recuerdos propios. Parece ser que el contenido de este escrito fue expuesto, pero no entregado a los periodistas e, incluso si se hubiera entregado, es poco probable que Otero Seco lo hubiera conservado a través de los años de cárcel, registros y detenciones. Se sabe que una parte de la "novela" estaba escrita en 1964 puesto que intentó publicarla en la revista *Asomante* (Otero Seco, 2008b: 49, n. 208). Y en 1965 se publicaban por primera vez estas "Orientaciones"[10], así que no es arriesgado suponer que añadiera la nota *a posteriori* con la finalidad de reforzar el aspecto histórico de lo narrado, que no había ocurrido exactamente como se cuenta, pero que, al refundir en una sola las dos reuniones mencionadas, añadía una mayor tensión dramática.

El relato prosigue con la descripción de la situación en Madrid, donde comenzaba a producirse una desbandada en la que cada cual miraba por sí sin contemplaciones, porque no existía ya un mínimo de organización ni en verdad de destino fiable al carecer de objeto la huida hacia la costa mediterránea. El narrador también probó la huida, pero desistió al percibir su inutilidad y decidió regresar a la capital: se había abierto el "paréntesis" a que alude el título.

(Premio de Novela Ciudad de Barbastro, 1997) (Madrid: Alba Editorial, 1998); y del Dr. Francisco Espinosa, coeditor de *Obra periodística y literaria* (Otero, 2008a; 2008b).

8 Regina García, *Yo he sido marxista* (Madrid: Editora Nacional, 1946). En marzo de 1939 era directora de *La Voz*. El libro, propio de un converso, se ha de leer con precaución por su manipulación ideológica. V. también Preston (2018: 268–269).

9 Rafael Sánchez Guerra, *Mis prisiones* (Buenos Aires, Claridad, 1946), caps. III (45–52) y IV (53–60). Sánchez Guerra decidió acompañar a Besteiro los últimos días y fue detenido con él.

10 José Gutiérrez-Ravé (1965: 59–62). Años más tarde se publicaría el libro del defensor de Besteiro: Ignacio Arenillas de Chaves, *El proceso de Julián Besteiro* (Madrid: Revista de Occidente, 1976). En él se halla el texto dos veces: primero, en la reproducción de la Declaración Indagatoria (174–177); segundo, el facsímil (?) del manuscrito de Besteiro está encartado sin numerar entre las páginas 288 y 289.

La peripecia comienza verdaderamente cuando acude a refugiarse en casa de sus padres (2ª secuencia). La ciudad estaba "metida en su concha de temor" (Otero Seco, 2008b: 63) y "las sombras de la noche abrían las puertas al ajuste de cuentas esperado ansiosamente durante tres años" (Otero Seco, 2008b: 64). Había comenzado la caza del "rojo" en la que todos pretendían hacer méritos y saciar su odio. Y le llegó el turno el día 9 de abril, cuando tres falangistas armados se presentan en la casa. La detención y el registro ponen de relieve la actitud de los vencedores: la chulería, la desvergüenza, la impudicia y el encono de quien algo le debía. La represión fue caprichosa e imprevisible durante las primeras semanas, luego se sistematizó sin perder virulencia. Todas las organizaciones detenían: policía, guardia civil, ejército, falange... Bastaba una simple denuncia anónima para ser perseguido. Estas detenciones masivas abarrotaban los centros de reclusión y se producía un hacinamiento extremo. En la Dirección General de Seguridad los detenidos carecían de espacio incluso para sentarse y debían hacerlo por turnos. Al ser trasladado a la prisión de Porlier se encontró una situación semejante: había cinco mil reclusos (Otero Seco, 2008b: 77) donde había habido cuatrocientos, pero al menos ya se disponía de un espacio de treinta centímetros para tumbarse[11]. La consecuencia inmediata era la falta de higiene; la segunda, la insuficiente alimentación:

> El rancho, insuficiente y asqueroso, permitía ir tirando ayudado por los paquetes de comida que, una vez por semana, podían enviar las familias. Pero hacia el mes de agosto, la situación de la mayoría empezó a ser trágica y la enfermería a resultar insuficiente [...]. La mayor parte de las familias [...] apenas podían mandar nada. El rancho era cada día peor y más escaso, hasta reducirse a ciento cincuenta gramos de pan, un caldo oscuro y fétido, hecho con agua y regaliz, al que llamaban café y a mediodía y por la noche, una sopa de agua con algunos trozos de remolacha forrajera —el "rancho waterman", por el color de la tinta—, repartida con retraso e irregularidad (Otero Seco, 2008b: 87).

El estado de los presos era lamentable y se acentuó con los traslados a prisiones lejanas no por descongestionar, sino "Acaso también, el sustraer al recluso a la ayuda familiar con la esperanza de la extinción lenta, pero segura, de la enorme población penal en la que ya empezaban a producirse con abundancia las muertes por inanición, disfrazadas oficialmente con el nombre de avitaminosis" (Otero Seco, 2008b: 119–120).

---

11 Esta situación queda plasmada en el dibujo de José Robledano *Cárcel de Porlier. Madrid, 13 de junio 1940* (*Homenaje*, 1971: 48). En la página siguiente se incluye otro dibujo del Penal de Valdenoceda, 8 de junio de 1941. Este último ilustra la edición francesa, *Vie entre parenthèses* (Otero Seco, 2018).

Resulta acongojante el maltrato y la inseguridad de la vida de los detenidos en los primeros días. De ello fue testigo la misma noche de su detención. Un grupo de falangistas, varones y mujeres, irrumpió en la celda. Venían capitaneados por una mujer joven y hermosa que iba apartando detenidos "mientras una sonrisa irónica, pérfida, demoníaca, ponía de manifiesto su satisfacción interior" (Otero Seco, 2008b: 72) al buscar venganza. Entre los detalles que recuerda de aquella noche están "el lujo de los uniformes, la odiosa expresión de alegría de las mujeres, el aire donjuanesco, con el pelo planchado y chorreando brillantina, de los hombres, su comienzo de embriaguez, entre alcohol y sadismo" (Otero Seco, 2008b: 74). En su "ingenuidad" pregunta adónde los llevan y la respuesta de su compañero es brusca: "a dar un paseo". "Nada de huellas exteriores: ni juicio normal o sumarísimo, ni partida de defunción, ni nombre sobre el amanecer de los gusanos" (Otero Seco, 2008b: 75). "La jeunesse dorée de la Phalange s'amuse à sa façon" había remachado años antes (Y. . ., 1952a: 2058). En el tiempo que permaneció en la Dirección General Seguridad aún presenció otras dos (o tres, según el texto de 1952) incursiones nocturnas. Eran los días de la venganza. Así, la salida al patio daba lugar a que fueran rodeados por personas "de orden", vengadores que denunciaban a sus acreedores, caseros a inquilinos, maridos burlados a amantes, etc.

En Porlier (3ª secuencia) presenciaremos las míseras corruptelas del nuevo régimen: los guardianes permitían una mejor comunicación de los presos con sus familias a cambio de un "donativo" para el Colegio de Huérfanos del Cuerpo; entre los enjuagues del capellán, don Eloy, destacan las bodas para casar a los presos "como Dios manda" y a cambio del estipendio de diez duros permitir una comunicación privada más larga con la familia. Don Eloy había sustituido a un capellán castigado por censurar la nueva versión *nacional* del catecismo: "no matarás *sin razón*". Eso por no hablar del médico y del maestro que cobraban, pero no aparecían. También recuerda la infiltración entre los presos de soplones y provocadores de Falange, a los cuales, si eran descubiertos, "se les envolvía en la manta" (Otero Seco, 2008b: 88) y se los lanzaba al patio sin que se llegara a descubrir quién había sido (perfecta Fuenteovejuna de silencio). En este ambiente son verdaderamente patéticas la muerte y la historia de Javier Orcaizaguirre, repudiado por su familia. furibundamente carlista, y muerto por las patadas de un carcelero al no poder levantarse a causa de la fiebre (Otero Seco, 2008b: 89–92).

La estancia en Porlier se detiene para dar noticia pormenorizada de su proceso. La instrucción corrió a cargo de Manuel Martínez Gargallo (Otero Seco, 2008a: 34), un antiguo aprendiz de periodista que no triunfó como tal y tomó el camino de la judicatura[12]. Conocedor del medio, se le encargó la instrucción de los procesos a los periodistas a los que "más tarde he sabido" persiguió con saña: "La ambición fracasada de los mediocres ha dado a la represión franquista sus agentes más activos y celosos" (Otero Seco, 2008b: 92). La acusación fue la habitual en quienes no habían empuñado las armas: auxilio a la rebelión.

El "juicio" se celebró 28 de diciembre, día de los Santos Inocentes, "ironía de humor negro [. . .] porque para la justicia del régimen, como para la de Herodes, no existían los inocentes" (Otero Seco, 2008b: 103). El relato de la vista de esta "Justice à la chaîne " (Y. . ., 1952a: 2059) se inicia con esta descripción: "Le tribunal me fit l'effet d'un tableau vivant " (Y. . ., 1952a: 2061), cuadro que se concreta años después: "¿la *Junta de Filipinas* de Goya?"[13] (Otero Seco, 2008b: 104). Esta visión se convierte en una escena esperpéntica: el relato de las acusaciones en las que el fiscal, nombrado por ser hijo de un franquista fusilado, realiza un alegato en el que ignora quién es el acusado del que está hablando en cada momento. Su ansia de venganza le lleva a confundir a Otero Seco con un hojalatero al que se acusa de haber arrojado por el puente del pueblo a un crecido número de personas, cuando en el pueblo no hay puente ni río; o a un alcalde de haber dado muerte al cura, que se presenta a testificar que está vivo; pero el colmo del absurdo es la acusación a una vieja portera de haberse comido a "Machaquito"[14], gato de angora de unos señores de la vecindad. Y para cerrar la vista, la intervención de dos muchachas de las JSUC: una, torturada, que muestra las heridas; y otra, preñada de cuatro meses cuando lleva siete en prisión. El defensor se limita a pedir clemencia y el resultado son veintisiete penas de muerte, dos cadenas perpetuas y doce años "para la inmoladora de Machaquito". Un total de cincuenta y siete minutos para juzgar a treinta personas (veinticinco en tres cuartos de hora) (Y. . ., 1952a: 2063).

12 Este personaje, juez instructor del Tribunal Especial de Prensa, se ocupó también de instruir la causa de Miguel Hernández, entre otros.

13 Este es uno de los cuadros de mayor tamaño del pintor. Fue realizado en 1815 para el salón de juntas de la Compañía de Filipinas, fue adquirido por el pintor francés Marcel Briguiboul en 1881 y su hijo lo donó al Museo de Castres (Tarn) en 1894. Es posible que Otero viera este cuadro después de 1952 y ello le evocara la imagen recordada. La vista de la mesa presidida por Fernando VII resulta muy desagradable.

14 Nombre de cartel del torero Rafael González Madrid (1880–1955). La fábrica de licores de Rafael Reyes le pidió autorización en pleno auge del diestro para usar su nombre de cartel como marca de su anís, que aún sigue produciéndose. El nombre del gato no debe de ser ajeno a estas circunstancias.

De vuelta en Porlier fue conducido a la galería de los condenados a muerte. Los confinados en ella jamás sabían cuándo les tocaría la "saca"[15]. Allí conoceremos a don Pedro, anciano maestro rural, cuyo retrato es un prodigio de ternura por su dignidad (Otero Seco, 2008b: 113–116). Y por ello el fuerte contraste que supone el relato de la primera "saca" (Otero Seco, 2008b: 117–119): el sádico regodeo del jefe de servicio Sánchez al hacer formar a toda la galería para ir leyendo los nombres espaciadamente. Esta escena repetitiva (tres veces por semana) puede complementarse con datos procedentes de 1952, como la lista más larga de Porlier, 165 condenados, la noche del 7 de enero de 1940, después de la festividad de Reyes (Y. . ., 1952a: 2065).

En un salto temporal que presupone la conmutación de la pena de muerte por la de prisión y algún otro suceso, Otero nos embarca en un tren de ganado rumbo al penal de El Dueso, que estaba destinado para los condenados a más de veinte años y cuya población era de alrededor de 4.500 reclusos. El relato del traslado recuerda por sus condiciones *Le long voyage* (1963) de Jorge Semprún o *Chevaux 8, hommes 70. Le train fantôme* (1945) de Francesco F. Nitti[16]. Allí prosiguió el trato vejatorio con la colaboración de la iglesia: por ejemplo, no se permitían las visitas de las familias si no habían contraído matrimonio canónico y recuerda como ejemplo el forzado matrimonio de Miguel Hernández (Otero Seco, 2008b: 129), a quien había conocido en Valencia durante la guerra (Otero Seco, 2008a: 17–18). El resto de las condiciones no variaban: "El rancho era por el estilo —o peor— que el de Porlier". Como ya había escrito años antes: "On meurt beaucoup au Dueso. Le typhus y règne de forme endémique. Les medédecins constatent quatre ou cinq décès par jour. *Avitaminosis* —disent ils hochant la tète. . ." (Y. . ., 1952b: 2270). Era simplemente hambre. Si el rancho se acababa antes de terminar la distribución, se les podían entregar dos cigarrillos como compensación[17] (Otero Seco, 2008b: 131). Además, los funcionarios saqueaban impunemente los paquetes de alimentos que tanto sacrificio costaban a las familias; y había un economato de precios abusivos regentado por las monjas, que hacían un pingüe negocio.

15 Para este vocablo, José A. Pérez Bowie (1983: 117). Literariamente, Luis Alberto Quesada, *La saca* (1963), colección de cuentos de guerra y cárcel que toma el título de uno de ellos.

16 La novela de Semprún fue llevada al cine. Nitti había combatido en las Brigadas Internacionales en España y luego en la Resistencia francesa.

17 Otra forma podía ser la entrega de sellos de correos por el valor teórico del rancho, según contaba mi padre, Alfonso Esteve.

En El Dueso no había "sacas" o ejecuciones sistemáticas como en Porlier; sin embargo, algunas hubo, fuera por motivos "disciplinarios", como las detalladas en el relato primitivo (Y. . ., 1952b: 2272–2273), fuera por rectificación de sentencias, como la del alcalde de El Escorial (Otero Seco, 2008b: 135). En esta situación de incertidumbre, una noche viene a buscarlo un guardián de mala entraña para conducirlo ante el director, cuyo retrato es digno de una revista satírica. Este le comunicó que, como periodista y abogado, debía redactar un acta de ejecución por estar enfermo el alférez secretario del juzgado. Tal encomienda no debe sorprender puesto que escaseaba el personal cualificado, ya que la adhesión al régimen era determinante (su capacitación era secundaria) para integrarse en el nuevo Cuerpo de Prisiones. Con Antonio Otero asistimos al espeluznante acto de una ejecución por agarrotamiento. En la primera versión es parco en la descripción (Y. . ., 1952b: 2274); en la segunda, además de trazar un retrato del reo y relatar la actividad que condujo a la condena, se extiende en el retrato del verdugo de Burgos, "un hombre que amaba su oficio y el trabajo bien hecho", y clava sus palabras: "Yo los dejo como en visita" (Otero Seco, 2008b: 140). Estas últimas son un indicio más de literaturización: "Tenía aquel verdugo [el de Burgos] fama de dejar los reos 'como en visita', es decir, sentados correctamente y sin aparente violencia", como leemos en *El verdugo afable* (Santiago de Chile: Nascimiento, 1952) de Ramón J. Sender (1970: 28)[18].

Poco tiempo después de aquel siniestro episodio fue puesto en libertad vigilada. Inicialmente sintió miedo ante un mundo exterior cuya situación desconocía; mas tuvo suerte en los primeros encuentros a pesar de que, como le previene el revisor del tren, hay gente "que no piensa como nosotros". Al finalizar el primer día fuera de la cárcel reflexiona: "Dos mundos, dos Españas. . . Y en medio, una trinchera tan ancha y tan fresca como en plena guerra civil" (Otero Seco, 2008 b: 153).

Como ya se ha apuntado el tiempo referido en el relato de 1952 alcanza hasta 1947, año de su huida a Francia, mientras que *Vida entre paréntesis* se queda en octubre de 1941, momento de la salida del penal, lo que hace pensar si el autor tenía en mente una prolongación. Hay, además, otras diferencias: las adiciones y amplificaciones (y alguna supresión) en las que une a sus experiencias "retazos de las vidas de otra mucha gente" (Otero Seco, 2008a: 41), lo que contribuye a dar a *Vida entre Paréntesis* un aspecto formal más literario en el que el ambiente y la galería de personajes adquieren mayor peso.

18 Antonio Otero dedicó algunos artículos a Ramón Sender (Otero, 1972: 319, 346, 602, 680) y mantuvieron correspondencia según afirmaba Sender (*Homenaje*, 1971: 26).

La primera secuencia (Otero Seco, 2008b: 49–66), donde narra la reunión de Besteiro con los directores de los periódicos y su intento de salir de Madrid, es ya una adición. Otros añadidos reseñables sin ánimo de exhaustividad son la visita a Besteiro en la enfermería de Porlier; la escena en la que consigue enviar a su familia la información sobre la celebración de la vista; o la entrevista con Felisa en los sótanos del Palacio de Justicia (Otero Seco, 2008b: 97–103). Entre las amplificaciones destaca la del Consejo Sumarísimo de Urgencia, donde las dos páginas iniciales (Y. . ., 1952a: 2061–2063) se convierten en ocho (Otero Seco, 2008b: 103–111). Tanto unas como otras implican la aparición de nuevos personajes episódicos como el capellán de Porlier o el sacristán ladrón de cálices; o en la galería de condenados a muerte, don Pedro el maestro y Sánchez, el carcelero sádico. En El Dueso se extiende en la historia del reo agarrotado y del verdugo y en el retrato del ridículo y pomposo director; o añade la historia de los amores de Sor Dolores, la "Niña de los Peines", según unos, o "la hermana de San Sulpicio", según otros[19].

Este conjunto de escenas y anécdotas que recrean el ambiente y las situaciones precisa de unos diálogos para dar vida y bulto a los personajes. Tan pronto pueden evocar la desesperación de quienes requieren salvoconductos para huir de Madrid, como el interrogatorio del fraile barrigón en El Dueso; el más reflexivo de su visita a Besteiro o el enfrentamiento con la falangista en los calabozos de la Dirección de Seguridad, etc.

El estilo, pulcro y claro, huye en lo posible de la truculencia y de la rudeza innecesarias, si bien en determinados momentos —huida de Madrid o el viaje en el tren— no puede evitar la brusquedad en los diálogos so pena de inverosimilitud. Tampoco desperdicia la ocasión de satirizar el lenguaje pomposo y abarrocado del fiscal o del director del penal, que tiempo después aún se podía oír en boca de jerarcas de la dictadura.

Nos hallamos, por tanto, ante una narración de propósito literario (*autoficción*), cuyo interés radica en proporcionar una visión de las sacas indiscriminadas, de los esperpénticos Consejos Sumarísimos, de la lobreguez de las cárceles franquistas. Los testimonios escritos desde el exilio sobre las cárceles y la represión no son abundantes, puesto que fueron pocos los que pudieron escapar; pero durante la lectura de esta "novela" me ha acompañado el recuerdo de las palabras oídas a mi padre y a alguno de sus compañeros de infortunio.

---

19 El primer apelativo, nombre de una famosa *cantaora*, se basa en el retrato del personaje; el segundo, en la protagonista de la novela de ese título de Armando Palacio Valdés, que personifica la novicia sin vocación.

Además de este relato de Antonio Otero, hay novelas y relatos breves sobre cárceles y represión como las de Manuel Lamana y Ricardo Bastid o Luis A. Quesada. También hay escritos de carácter más testimonial, como los de Rafael Sánchez Guerra, Mercedes Núñez o Melquisedez Rodríguez Chaos. Caso aparte es el estremecedor diario de Manuel de la Escalera *Muerte después de Reyes*, publicado en México (1966) bajo el pseudónimo de Manuel Ambler. Pero aún queda un grupo de testimonios carcelarios, aquellos que, por diversas circunstancias, no conocieron la luz hasta el final de la dictadura, como los de Ángeles [Ortega] García-Madrid, Régulo Martínez, Soledad Real, Juan Caba, Manuel García Corachán o Marcos Ana. Quisiera reivindicarlos y pedir su incorporación a estos repertorios de la memoria a pesar de que sus autores no publicaron ni vivieron en el exilio, porque, como recordaba José de la Colina que decía Francisco Pina (Otaola 1999: 23), irritado ante los que alardeaban de la tragedia del exilio, "¡coño, un poco de pudor!: no había que exagerar [. . .], pues los que de verdad estaban pagando un alto precio en la Historia y en la vida real, los que sufrían una pesadilla *de hecho*, eran los republicanos que se habían quedado: ésos o habían ido al paredón o a la cárcel o vivían un exilio *interior* mucho más duro que el nuestro porque no tenían libertad y vivían constantemente humillados, reprimidos y castigados por los vencedores" (Otaola, 1999: 23 n.).

BIBLIOGRAFÍA CITADA

Primaria:

Homenaje a Antonio Otero Seco. Dibujos de José Robledano. Rennes: Université de Haute Bretagne, Centre d'Études Hispaniques, 1971.

Otero Seco, Antonio. *Obra periodística y crítica. Exilio 1947–1970.* Introducción de Antonio Piñeroba. Dibujos de Mariano Otero. Recopilación de Antonio Otero San José. Rennes: Université de Haute Bretagne, 1973.

Otero Seco, Antonio. *Obra periodística y literaria: Antología I.* Ed. introducción y notas de Francisco Espinosa y Miguel Ángel Lama. Badajoz: Editora Regional de Extremadura, 2008.

Otero Seco, Antonio. *Obra periodística y literaria: Antología II.* Ed. introducción y notas de Francisco Espinosa y Miguel Ángel Lama. Badajoz: Editora Regional de Extremadura, 2008.

Otero Seco, Antonio. *Vie entre parenthèses: Récit.* Tr. del español de Albert Bensoussan. Rennes: Éditions Folle Avoine, 2018.

PALMA, Elías y Antonio OTERO SECO. *Gavroche en el parapeto. Trincheras de España*. Madrid: Nueva Imprenta Radio, 1937, 2ª ed.

Y... [Antonio Otero Seco]. "Dans les prisons d'Espagne et dans la clandestinité". *Les Temps Modernes*, 79 (mayo de 1952): 2054–2069.

Y... [Antonio Otero Seco]. "Dans les prisons d'Espagne et dans la clandestinité". *Les Temps Modernes*, 80 (junio de 1952): 2268–2287.

Secundaria:

ARENILLAS DE CHAVES, Ignacio. *El proceso de Julián Besteiro*. Madrid: Revista de Occidente, 1976.

BOTREL, Jean-François. "Antonio Otero Seco (1905–1970". En: Antonio Otero Seco, *Écrits sur Garcia Lorca dont sa dernière Interview*. Edición bilingüe. Dibujos de Mariano Otero. Rennes: La Part Commune, 2013: 9–40. Disponible en : http://www.botrel-jean-francois.com/Hispanisme_hispanismos/Otero.html Última consulta: 22 de mayo de 2020.

CHACEL, Rosa. "Cultura y pueblo". *Hora de España*. Valencia, I (enero de 1937): 13–22.

ESTEVE, Luis A. "Otero Seco, Antonio, *Obra periodística y literaria* [Antología], edición, introducción y notas de F. Espinosa y M. A. Lama, vol. I-II. Mérida 2008" [Reseña]. *Laberintos. Revista de estudios sobre los exilios culturales españolas*, 10–11 (2008–2009): 455–458.

GARCÍA, Regina. *Yo he sido marxista*. Madrid: Editora Nacional, 1946.

GUTIÉRREZ-RAVÉ, José. *Julián Besteiro*. Madrid: Celebridades, 1965.

KING, Charles L. *Ramón J. Sender: An Annotated Bibliography, 1928–1974*. Metuchen, N. J.: The Scarecow Press, 1976.

MAÑÁ, Gemma. "A. Otero Seco, la obra de un olvidado". *Cuadernos Republicanos*, 23 (julio de 1995): 41–55.

MAÑÁ, Gemma, et al. *La voz de los náufragos. La narrativa republicana entre 1936 y 1939*- Madrid: Ediciones de la Torre, 1997: 302–311.

MARTÍN GIJÓN, Mario. "Antonio Otero Seco, escritor desterrado y mediador intelectual entre el exilio y el interior". *Revista de Estudios Extremeños*, LXIII, III (2007): 1169–1184.

OTAOLA, Simón. *La librería de Arana. Historia y fantasía*. Prólogo de José de la Colina. Madrid: Ediciones del imán, 1999.

PÉREZ BOWIE, José Antonio. *El léxico de la muerte durante la guerra civil española*. Salamanca: Universidad de Salamanca, 1983.

Quesada, Luis Alberto. *La saca*. Buenos Aires: Periplo, 1963.

Preston, Paul. *El final de la guerra. La última puñalada a la República*. Barcelona: Penguin Random House, 2018, reimpresión.

Sánchez Guerra, Rafael. *Mis prisiones*. Buenos Aires: Claridad, 1946.

Sender, Ramón J. *El verdugo afable*. Madrid: Aguilar, 1970.

ROBERTO CARLOS RAMÍREZ MORCILLO

CUMBRES DE EXTREMADURA: UNA NOVELA DE GUERRA Y EXILIO

José Herrera Aguilera (1909–1977), conocido en el mundo de las letras como José Herrera *Petere*, fue uno de los autores españoles que, al igual que muchos otros, tuvo que exiliarse tras la victoria militar del general Franco en la guerra de España (1936–1939). Perteneciente a la que se ha dado a conocer como la generación de la Guerra Civil o la generación de 1936, la trayectoria literaria de Herrera Petere representa y refleja fidedignamente las traumáticas pero también esperanzadoras circunstancias históricas de la primera mitad del siglo XX. En su proceso de aprendizaje y desarrollo literario y artístico, Herrera Petere pasó de ser uno de los surrealistas españoles más genuinos de su generación a convertirse en uno de los autores más activos, convencidos y fieles con la causa comunista y su concepto de arte comprometido o realismo socialista. A pesar de ello, los rasgos surrealistas genuinos del escritor alcarreño como su escritura telúrica y onírica se mantuvieron presentes a lo largo de toda su obra.

La novela *Cumbres de Extremadura*

Cumbres de Extremadura, subtitulada *Novela de guerrilleros,* representa la novela más popular y seguramente la más conseguida de José Herrera Petere. La primera edición de esta novela fue muy poco conocida, ya que fue publicada a finales de 1938, cuando la guerra estaba llegando a su fin. El reputado artista Antonio Rodríguez Luna realizó las ilustraciones de la primera edición, hecho que indica la buena acogida de la novela por parte de la Editorial Nuestro Pueblo. En 1945 se publicaría la segunda edición, una versión ampliada y modificada en la que solo se mantiene el segundo prefacio y se añade un quinto capítulo, un "Epílogo" y un "Colofón".

La novela completa se divide en cuatro partes tituladas "Cumbres", subdivididas a su vez en diferentes capítulos, con estructura alterna y convergente. En ella se desarrolla una doble historia basada en la huida ante la llegada de las tropas franquistas: la de un campesino de Torviscoso llamado Bohemundo y la del pueblo de San Vicente de Alcántara. Bohemundo es el protagonista, un personaje individual con conciencia social, pero sin ideología política definida que escapa de la zona sublevada haciéndose el tonto: "¡No iba a dejarse matar como un bobo o más bien como un *jebo*! ¡La cosa no estaba perdida! [. . .] Bohemundo trataba de hacerse pasar por un pastor tonto; para eso estiraba la cara y dejaba caer la barbilla, adoptando al mismo tiempo un tono de voz montuno y cabrío" (Herrera Petere, 1986: 35). El pueblo de San Vicente de Alcántara, al igual que Fuenteovejuna de Lope de Vega, es un personaje colectivo; donde su alcalde Bernardos, con mayor conciencia política que Bohemundo, guía a su pueblo hacia la sierra: "El alcalde era un vejete nervioso, de ojos vivos y pudientes, algo encorvado, como culpado por los años. Había sacado muchos cubos de agua de los pozos; había herrado muchas mulas; había ordeñado muchas vacas [. . .] Era un viejo campesino llamado Bernardos, militante de un partido obrero desde el año 1901" (66–7).

Como se relata en la novela, nada más producirse el golpe de Estado y el inicio de la guerra. Ante la situación de miedo e inseguridad propiciada por la represión indiscriminada de los militares -que alcanzaba tintes genocidas. Muchos de los declarados republicanos que se encontraban en territorio ocupado por las tropas fascistas no tuvieron más opción que escapar de las zonas habitadas y "echarse al monte". Aunque, desde el inicio del golpe de Estado, la represión desatada por las tropas africanas en su avance a Madrid fue brutal, con matanzas indiscriminadas en la conquista de las poblaciones, el caso de Andalucía y Extremadura cobró más relevancia: "Se calcula que murieron en los primeros días, entre combate y represión, más de 9.000 personas en Badajoz. De éstas, más de 4.000 perecieron en las tristemente famosas 'matanzas de la plaza de toros'" (Vila, 1983: 58).

Gran parte de la provincia de Cáceres se sublevó el 18 de julio. Así, tras la conquista en agosto de 1936 de la parte occidental de Badajoz, y de las ciudades de Badajoz y Mérida, solo quedaba bajo control republicano una extensa zona al este de la provincia de Badajoz. Lo que se denominó como "la bolsa de la Serena", con Castuera como centro de operaciones.

> Este era denominado por el bando republicano, *Frente de Extremadura o frente extremeño* [. . .]. Se extendía por casi unas cincuenta localidades de las comarcas pacenses de la Serena y La Siberia, entre las que destacaban Don Benito, Castuera, Cabeza del Buey, Villanueva de la Serena y Herrera del Duque. Entre vecinos y refugiados contaba con una población de unas 210.000 personas (Hinojosa Durán, 2009: 78).

La consolidación de estos grupos de huidos, junto a la imposibilidad de tomar Madrid, se convirtió en motivo de preocupación para el ejército rebelde y las autoridades franquistas. La valentía e imaginación de esta guerrilla llegó a tal punto que hasta altos mandos del ejército rebelde se vieron afectados. Por ello, en los inicios de 1937, el gobierno de Largo Caballero, que tenía grandes esperanzas puestas en la lucha guerrillera, desarrolló una estrategia militar con base en el área extremeña para conseguir información del enemigo, realizar sabotajes continuos y provocar un levantamiento en masa de la población. El centro de esta estrategia se encontraba en Extremadura, debido a su importancia geográfica estratégica y zona de paso de los ejércitos rebeldes.

> En este contexto se enmarca el primer proyecto de operaciones de la República para atacar el ejército enemigo en Extremadura. El plan está fechado el 22 de abril de 1937 y su autor es el coronel Álvarez Coque, por aquel entonces, jefe accidental del Estado Mayor del Ejército [...] Álvarez Coque plantea un ataque general con el fin de conquistar el nudo de comunicaciones de Mérida, ocupar la región de Oropesa y operar violenta y profundamente en la dirección general Valdemorillo-Brunete-Villaviciosa de Odón (Campanario, 2009: 37).

Herrera Petere había pasado los primeros ocho meses de la guerra en el Madrid sitiado. En abril de 1937, mientras se desarrolla la batalla de Guadalajara y se pone en marcha el primer plan de ofensiva republicana en zona sublevada, es destinado al frente de Extremadura. En Castuera, durante el verano de 1937, alterna la escritura de *Cumbres de Extremadura* con la de *Acero de Madrid.* Entre estos dos relatos se pueden apreciar diferencias estéticas:

> *Cumbres de Extremadura* es, dentro de la producción literaria de Herrera Petere durante la guerra, la obra realizada con mayor independencia respecto al campo de poder, sin ser "encargada" como *Acero de Madrid, Puentes de sangre* o la mayoría de sus romances. Su discurso novelístico, con la apertura del discurso a lo popular se adecuaba a la evolución que habían seguido las normas del juego pero abriéndose hacia una vertiente largamente descuidada por los escritores: el carácter festivo y material del discurso popular, expresado en refranes, los cantos y la forma de comportarse (Martín Gijón, 2010: 129).

La elección de los guerrilleros extremeños como temática para su novela tampoco fue algo casual. Desde Extremadura llegaban continuamente noticias sobre las acciones de sabotaje de estos huidos en la retaguardia franquista. Acciones que Petere conocía muy bien, debido a su trabajo y cercanía a la estructura política y militar, y que aparece reflejada en iniciativas culturales y de propaganda como los artículos y reportajes del diario *Milicia Popular* (Herrera Petere, 1937: 4). En estas fechas, la actividad guerrillera ya había producido sus mejores efectos. Entre el 15 de enero y el 15 de marzo de 1937, el sector de Extremadura, que contaba con sesenta hombres, había volado veintiún trenes en Talavera, Mérida, Cáceres, Córdoba y Zafra. Extremadura se constituía así en la zona con mayor efectividad de la actividad guerrillera. El 17 de abril de 1937 se constituyó el Batallón de Guerrilleros, que Herrera Petere inmortalizaría en su novela como el "Batallón de Servicios Especiales". Acciones como la explosión de un tren que trasportaba tropas italianas el 28 de febrero de 1937, se convirtieron en material histórico que inspiraría capítulos como "Belleza soezmente estropeada": "La vía del tren brillaba a la luz de luna. De los campos de la España fascista salía un vapor extraño [. . .] Un tren militar subía de la parte de Sevilla con las luces veladas. Avanzaba despacio, como tanteando el terreno. Traía tropas regulares italianas" (Herrera Petere, 1986: 103).

A través del personaje colectivo del pueblo de San Vicente de Alcántara, Herrera Petere muestra la brutalidad y la diferencia de armamento de la zona sublevada. En uno de los relatos más impactantes y expresionistas de la novela, los sanvicenteños, huidos en la sierra Tocina, son bombardeados por la aviación nazi. Este relato ficticio también podría basarse en los bombardeos de población civil como el sufrido en febrero de 1937 en la carretera de Málaga a Almería, conocido como la masacre de *La Desbandá*. También podría hacer referencia a *Guernica* de Pablo Picasso, amigo personal de Herrera Petere:

> Nada ni nadie pudo sujetar a *la Juanillona*: verdaderamente frenética, echó a correr ladera abajo con los puños en alto, los ojos fuera de las órbitas, insultando a los moros y a los alemanes [. . .] Cuando entendieron sus palabras la acribillaron a balazos. Después, a la vista de los guerrilleros de la Sierra Tocina, le clavaron una bayoneta por la entrepierna y la levantaron en alto. Por fin la arrojaron a un arroyo seco, donde se la comieron los perros y los animales salvajes (Herrera Petere, 2009: 528).

En la novela se condena la barbarie de militares como Queipo de Llano (el Virrey de Andalucía), especialmente dirigida hacia las mujeres y los colectivos homosexuales mediante alocuciones radiofónicas instando a la violencia y violación de las mujeres republicanas: "Por la noche hablaba Queipo de Llano, *Quipo,* como le decían, y retumbaba de tal manera la radio, que en Extremadura era casi imposible coger otra estación que la de Sevilla" (Herrera Petere, 1986: 120). En la zona republicana se reprobaba esa barbarie; sin embargo, debido a las características socio-culturales del país y a la estrategia militar de la República, se mantuvo una visión patriarcal hacia las mujeres y de desprestigio hacia las milicianas.

> "La mujer es el enemigo del hombre" ha dicho san Pablo, y no cabe duda de que ciertas mujeres son, a veces, el enemigo de ciertos hombres que tratan de proceder según la viril y altiva consecuencia [. . .]. Esa, y no otra, es la explicación de lo que sucedió a Eva en el Paraíso. Esa, y no otra, es la explicación de por qué fue atrapado un hombre como Bohemundo el Trimotor, víctima, como Adán y como Sansón, y tanto y tanto héroe legendario, de su amor por una mujer (Herrera Petere, 1986: 227).

Por otra parte, el conocimiento del relieve, fauna y flora extremeña se refleja en esta novela como en ninguna otra. La afición de Petere por la orografía, la naturaleza y las costumbres rurales españolas se vio recompensada en la convivencia con los campesinos y gañanes en Castuera. Es muy probable que

Herrera Petere dedicase parte de su tiempo a enseñar lectura y escritura a los guerrilleros, dado que la mayoría de ellos eran analfabetos. Esta estancia y vida en común en el frente enriqueció muchísimo su léxico rural[1], como se muestra ampliamente en la novela a través de expresiones dialectales extremeñas de origen astur-leonés como: "*–¡Jacha, jigo, jiguera! ¡La Soberana te dé!*". Este dialectismo es calificado por Juan Eduardo Zúñiga como "Buena lección de autenticidad para muchos que quieren presentar gente del pueblo sin conocerlos" (Herrera Petere, 2008: 268).

Otros aspectos que destacar dentro de la novela son las breves referencias fantásticas y oníricas: "Los cuencos de leche se vertían; los niños lloraban, abandonados en las cunas; los mulos quedaban a medio herrar; las gallinas volaban y cacareaban, espantadas. *La Juanillona*, en pleno paroxismo, gritaba en su calle -¡Lo dije! ¡Lo dije! ¡Y como lo digo, lo diré! ¡He soñado con toros, con cabrones negros, con caballos blancos!" (Herrera Petere, 1986: 74); o mitológicas: "El pálido *Asthophet*, de la religión egipcia, el espíritu novelesco, el de las tenebrosas alas, presidía todos los cerros y aldeas de la Extremadura" (115). Es muy probable que esta referencia deífica se hiciese a posteriori, ya que parece clara la relación que Herrera Petere establece con un relato corto de Edgar Allan Poe titulado *Ligeia*, publicado el 18 de septiembre de 1938. El autor norteamericano, uno de los preferidos del alcarreño, vuelve a aparecer en la novela a través de una imagen romántica e idílica de los guerrilleros: "Parecían una de esas procesiones de deshora, la "santa compaña", o un desfile de antiguos caballeros templarios [. . .] Vistos desde lejos parecían el "gusano conquistador" de Poe, pero no de la muerte, sino de la vida" (178).

Segunda edición de *Cumbres de Extremadura*

Como se ha comentado anteriormente, la principal novedad en esta segunda edición de *Cumbres de* Extremadura (1945) es la incorporación en el relato de la novela de una "Quinta Cumbre", un "Epílogo" y un "Colofón". Por ello, a diferencia de la escritura de inmediatez con frases cortas de la primera edición, este nuevo final se compone de párrafos más reflexivos y extensos. Estas condiciones históricas respecto a la escritura de guerra y exilio son imprescindibles para comprender y valorar la obra literaria del alcarreño.

1 Véase algunas de las anotaciones que realizó Herrera Petere durante su estancia en Castuera en el Archivo Herrera Petere situado en la Biblioteca de Investigadores de la Provincia de Guadalajara [AHP, 24–13]

> Valorar realmente la literatura es valorarla ante todo como una obra individual de un autor individual implicado en unas circunstancias [. . .] El problema para el intérprete, por tanto, es cómo situar estas circunstancias junto a la obra, cómo identificarlas e incorporarlas, cómo leer la obra a la vez que su situación mundana [. . .] ver en el canon otras estructuras, actitudes y referencias; estructuras que daban testimonio de una implicación mucho más mundana, activa y política (Said, 2005: 18–35).

Tras un breve paso por el campo de concentración francés de Saint-Cyprien, Herrera Petere se traslada a París y a México, donde residirá durante ocho años. En esta estancia, a la que he denominado el "exilio dulce" de México debido a la fraternal acogida de los exiliados republicanos por parte del gobierno de Lázaro Cárdenas, Herrera Petere publica esta segunda edición en la Imprenta Isla. Imprenta que Manuel Altolaguirre ("el comisario Manolito") había fundado con la ayuda de su nueva compañera y mecenas María Luisa Gómez Mena. La ocasión para la reedición de *Cumbres de Extremadura* era muy propicia dado que los republicanos españoles reactivaron sus esperanzas de acabar con la dictadura franquista, tras el final de la Segunda Guerra Mundial y la liberación de París encabezada por "La Nueve" o División Leclerc. El tema de los guerrilleros o del *maquis* atraía la atención de escritores, sobre todo de los comunistas, como indica el profesor Manuel Aznar Soler: "este tema de la resistencia armada es un tema que interesó ante todo a los escritores que fueron militantes del Partido Comunista de España (PCE)" (Aznar Soler, 2010:119). Por otra parte, la realidad en el interior de la España franquista no distaba mucho de los años de guerra. La "paz de Franco" no significó el descanso para las víctimas. Un dato relevante es que se crearon 296 campos de concentración en la posguerra como el de Castuera, del que se cumplen 80 años de su apertura y por el que pasaron 15.000 presos.

La acogida de la novela en México fue muy positiva, tanto por los republicanos exiliados como por los escritores mexicanos. Se pueden destacar las críticas literarias de Fernando Benítez, director del suplemento cultural de *El Nacional*, la de su compañero y gran amigo en el exilio Juan Rejano, o la de Luis A. Santullano del Colegio de México: "Muy bien, muy requetebién su novela. Desde las 'Campañas' de Hemingway no había tenido yo una emoción análoga en lecturas de nuestra España" (Herrera Petere, 2008: 159). Pero, sin duda alguna, fue el artículo del semanario *España Popular* titulado "Herrera Petere, luchador y poeta del pueblo" y la carta que recibió de la propia Dolores Ibárruri lo que más alegría, fuerzas y motivación le proporcionarían para continuar con su trabajo narrativo de guerra: "He leído tu libro "Cumbres de Extremadura" [. . .] Fue una grata sorpresa. Comencé a leerlo y no lo pude dejar [. . .] Gracias por tu envío. ¿Cuándo escribes otro?" (Ibárruri, 1946: 4).

En definitiva, la lucha guerrillera como tema literario e ideológico permanece en el combativo Petere durante gran parte de su destierro, sobre todo en su exilio mexicano ("exilio feliz"), en el que la situación internacional le era propicia para la continuación de su proyecto ideológico junto a los compañeros de partido. De ahí que el tema de la guerrilla se percibiese como argumento literario justo y necesario para mantener la lucha antifranquista: "Entre los guerrilleros murieron muchos, pero se salvaron más. Como aguzanieves y lagartos que eran -brisas sutiles- se disolvieron por las sierras cuando llegaron los fascistas. Ni Dios pudo dar con ellos" (Herrera Petere, 2009: 581). Hay que tener en cuenta que la guerra de España seguía constituyendo un hito en la lucha antifascista y que la presencia del exilio español en Europa del Este era apreciable. Por ello, en el contexto de la Guerra Fría, la novela se llega a traducir al ruso (1949), checo y eslovaco (1951).

Sin embargo, esta pasión individual derivada del compromiso colectivo se fue disipando poco a poco con el cambio de estrategia geopolítica comunista (entrada de España en la ONU en 1955 y política de "reconciliación nacional" en 1956) y por el aislamiento que, "viejos militantes" como Herrera Petere, sufrieron por parte de la nueva dirección del PCE en el exilio. A la vez que la lucha guerrillera se desarticulaba en la década de los cincuenta, la razón de ser de su "literatura de compromiso", que alcanzó su cenit con la novela *Cumbres de Extremadura*, dejó de tener sentido con el drama *Carpio de Tajo*. Esta obra teatral, basada en la misma temática guerrillera, ni siquiera mereció la atención de sus antiguos camaradas de partido. La confianza en el ideario comunista del alcarreño se iba apagando y esta disidencia interna de desarraigo hacia lo que había constituido su "razón de ser" moral y cultural no le permitió reinventarse ideológicamente. Esta pérdida de identidad política, lo pudo haber llevado a un callejón sin salida; a un "exilio total", tanto en lo físico, como en lo racional y sentimental.

Para terminar con esta semblanza de la novela de *Cumbres de Extremadura*, hay que destacar un último intento de reedición de la novela en la década de los sesenta. Tras trabar amistad con Rafael Bosch, profesor español residente en Estados Unidos, Herrera Petere se involucró en el proyecto de volver a editar en España la que consideraba su mejor novela. Conservadas en el Archivo de Herrera Petere y publicadas en su Epistolario, se pueden consultar las cartas en las que Rafael Bosch elogiaba la trayectoria literaria del alcarreño: "acabo de leer tres libros más de usted, los cuales me han producido una impresión hondísima" (Herrera Petere, 2008: 243). Respecto a *Cumbres de Extremadura* escribe: "Una alumna de mi clase de novela moderna está leyendo *Cumbres de Extremadura* después que yo dije en clase que esta novela me parecía la de espíritu más popular, nacional y clásico de cuantas existen" (242). El profesor Bosch también le trasmite la intención de escribir un libro sobre su trayectoria: "Ya sabes que cuando conozca tu obra bien pienso escribir un libro sobre ti exclusivamente" (250), y de publicar su trabajo de guerra en España: "Mi idea es que no sólo *Acero de Madrid*, sino la trilogía de guerra de Petere [. . .] debería publicarse completa" (256–257). Desgraciadamente, los intentos del profesor Bosch por reeditar la obra de Petere, tanto en España como en Estados Unidos, no fraguaron.

Utilidad de una nueva reedición

Estas reflexiones sobre la memoria histórica y la cultura del exilio constituyen un verdadero problema interpretativo y metodológico; sobre todo, a la hora de analizar casos tan extremos como los contextos y circunstancias de una guerra. Cuando se quiere comprender las condiciones a las que estuvieron sometidos autores como Herrera Petere, las reflexiones y variables se multiplican. El propio autor alcarreño, durante su largo y aislado exilio en Ginebra, reflexionaba sobre un pasado convertido ya en memoria interna. En una carta, dirigida a su amigo y camarada, el filósofo marxista Adolfo Sánchez Vázquez, se pregunta sobre la naturaleza del marxismo como conocimiento filosófico, llegando a reconocer su poco discernimiento teórico al respecto:

> Pero me pregunto [yo, absolutamente ignorante en filosofía] si el marxismo, como filosofía, sólo ha dicho verdades como puños, en ciertos aspectos, pero que se reducen a medias-verdades, en otros. Nunca mentiras. Siempre verdad, pero la verdad es más compleja de lo que, a primera vista, aparece [. . .] ¿Puede hacerse una Estética o una Metafísica marxista. . .? [. . .] Estos problemas filosóficos me perturban la cabeza [. . .]. Es extraordinario lo poco que he leído (Herrera Petere, 2008: 305–307).

Crítica y autocrítica que se aprecian en un autor presente en los acontecimientos más violentos, traumáticos y difíciles de asimilar de nuestra historia reciente. Algo que parece fundamental a la hora de reevaluar y valorar la obra de guerra y exilio de uno de los escritores más desconocidos en la España actual. Por todo ello, cabe preguntarse si sería necesaria hoy en día una nueva reedición de *Cumbres de Extremadura*. Sin duda, es una fuente de información histórica para Extremadura y toda España. Como defiende el profesor Pierre Nora, la manera más acertada de hacer historia es desde el presente. La memoria y la historia, aunque interconectadas, pertenecen a registros diferentes. Es por ello que no debe confundirse la memoria colectiva de unos hechos concretos como son la Segunda República, la Guerra Civil y el exilio republicano (influidos por un imaginario impuesto desde la Dictadura franquista) con la reconstrucción historia de estos mismos hechos desde disciplinas científicas, mediante análisis de fuentes y un discurso crítico. Hoy en día, la historia tiene como función recuperar y rehacer esta narración para comprender mejor los hechos acaecidos. Es por ello que una nueva reedición de *Cumbres de Extremadura* posiblemente ayudaría a comprender mejor las bondades y miserias del exilio republicano español. Algo difícil de cumplir en la actualidad dado que el exilio de 1939 ni siquiera aparece en los criterios de evaluación del currículo de Educación Secundaria Obligatoria y Bachillerato de España.

BIBLIOGRAFÍA CITADA

Aznar Soler, Manuel. "*Carpio de Tajo* y el tema de la guerrilla en la literatura dramática del exilio republicano de 1939". *José Herrera Petere. Vanguardia y exilio. Actas del I Congreso Internacional, Guadalajara, octubre de 2009.* Ed. Dolores Gimeno Puyol et al. Guadalajara: Diputación Provincial de Guadalajara, 2010. 119–142.

Baquero, Juan Miguel. *El país de la desmemoria. Del genocidio franquista al silencio interminable.* Madrid: Roca, 2019.

Campanario Larguero, Juan Miguel. "Los proyectos fallidos del Ejército Popular de la República para dividir en dos la zona ocupada por el enemigo: el Plan P de Vicente Rojo". *Revista de Historia Militar.* Feb. 2009: 35–62.

Dreyfus-Armand, Geneviève y Émile temime. *Les Camps sur la palge, un exil espagnol.* Paris: Autrement, 1995.

Espinosa Maestre, Francisco. *La columna de la muerte: el avance del ejército franquista de Sevilla a Badajoz.* Barcelona: Crítica, 2003.

Fernández Martín, Andrés y María Isabel brenes sánchez. *1937. Éxodo Málaga Almería: Nuevas fuentes de investigación.* Málaga: Aratispi, 2016.

Herrera Petere, José. *Carpio de Tajo.* Buenos Aires: Ariadna, 1957.

Herrera Petere, José. *Cumbres de Extremadura: Novela de guerrilleros.* Madrid: Nuestro Pueblo, 1938.

Herrera Petere, José. *Cumbres de Extremadura: Novela de guerrilleros.* México: Editorial Isla, 1945.

Herrera Petere, José. *Cumbres de Extremadura: Novela de guerrilleros.* Barcelona: Editorial Anthropos, 1986.

Herrera Petere, José. "En Extremadura. El heroísmo de un grupo de campesinos". *Milicia Popular.* Ene. 1937: 4.

Herrera Petere, José. *Obras Completas. Epistolario.* Ed. Jesús Gálvez Yagüe, Guadalajara: Bornova, 2008.

Herrera Petere, José. *Obras Completas. Narrativa I.* Ed. Dolores Gimeno Puyol. Guadalajara: Bornova, 2009.

Herrera Petere, José. *Obras Completas. Narrativa II.* Ed. Mario Martín Gijón. Guadalajara: Bornova, 2009.

Herrera Petere, José. *Obras Completas. Narrativa III.* Ed. Mario Martín Gijón. Guadalajara: Bornova, 2009.

Hinojosa Durán, José. *Tropas en un frente olvidado: El ejército republicano en Extremadura durante la Guerra Civil.* Mérida: Editora Regional de Extremadura, 2009.

Ibárruri, Dolores. "Carta de Dolores Ibárruri a Herrera Petere". *España Popular.* Jul. 1946: 4.

López García, Alfonso. *Saboteadores y guerrilleros: La pesadilla de Franco en la Guerra Civil.* Barcelona: Planeta, 2019.

Martín Gijón, Mario. "*Cumbres de Extremadura.* Censura y autocensuras de una novela a través de la historia". *Literatura e ideología.* Moscú: Universidad Lomonosov, 2016. 109–115.

Martín Gijón, Mario. *Entre la fantasía y el compromiso. La obra narrativa y dramática de José Herrera Petere.* Madrid: Renacimiento, 2010.

Martín Gijón, Mario. "La carnavalización de la novela de guerra. Cultura popular, tradición y utopía en Cumbres de Extremadura (1938) de José Herrera Petere". Eds. Eloy Martos Núñez y Alberto Eloy Martos García. *El patrimonio cultural: Tradiciones, educación y turismo.* Cáceres: Diputación Provincial de Cáceres, 2008. 245–264.

Nash, Mary. *Rojas. Las mujeres republicanas en la guerra civil.* Madrid: Taurus, 2000.

Nora, Pierre. *Les lieux de la mémoire.* Paris: Gallimard, 1992.

Nora, Pierre. *Je voulais penser la nation sans le nationalisme.* France Culture, 2016. Podcast.

Preston, Paul. *El holocausto español. Odio y exterminio en la guerra civil y después.* Madrid: Penguin Random, 2011.

Ramírez Morcillo, Roberto Carlos. *Literatura y compromiso político: experiencias y contenidos en José Herrera Petere, 1909–1939.* Tesis. Universidad de Castilla-La Mancha, 2018.

Serrano, Secundino. *Maquis: Historia de la guerrilla antifranquista.* Madrid: Temas de Hoy, 2001.

Vila Izquierdo, Justo. *Extremadura: la Guerra Civil.* Badajoz: Universitas Editorial, 1983.

Estudios hispánicos en el contexto global
Hispanic Studies in the Global Context
Hispanistik im globalen Kontext

Edited by Ulrich Winter, Christian von Tschilschke und Germán Labrador Méndez

Volume 1 Daniela Bister: La construcción literaria de la víctima. Guerra Civil y franquismo en la novela castellana, catalana y vasca. 2015.

Volume 2 Pedro Alonso García: La autobiografía como obra literaria: La vida secreta de Salvador Dalí. 2015.

Volume 3 Benjamin Inal: Gernika / Guernica als Erinnerungsort in der spanischsprachigen Literatur. 2015.

Volume 4 Ralf Junkerjürgen / Cristina Alonso-Villa (eds.): El mundo sigue, de Fernando Fernán-Gómez. Redescubrimiento de un clásico. 2017.

Volume 5 Pilar Nieva-De La Paz: Escritoras Españolas Contemporáneas – Identidad y Vanguardia. 2018.

Volume 6 Alejandro Alvarado Jódar: La poscensura en el cine documental de la transición española – Los casos de El Proceso de Burgos (1979), Rocío (1980) y Después de... (1981). 2018.

Volume 7 Patrick Eser / Angela Schrott / Ulrich Winter: Transiciones democráticas y memoria en el mundo hispánico. Miradas transatlánticas: historia, cultura, política. 2018.

Volume 8 Núria Codina Solà / Teresa Pinheiro (eds.): Iberian Studies: Reflections Across Borders and Disciplines. 2019.

Volume 9 Charlotte Jestaedt: Der Massenmensch zu Beginn des 20. Jahrhunderts. Ein diskursgeschichtlicher Vergleich zur deutschen und spanischen Literatur. 2019.

Volume 10 María José Olaziregi / Lourdes Otaegi (eds.): Censura y Literatura. Memorias Contestadas. 2020.

Volume 11 Álvaro Luque Amo: El diario literario: poética e historia. 2020.

Volume 12 Javier Huerta Calvo (ed.): El Teatro Español Universitario: espacios de libertad durante el franquismo. 2020.

Volume 13 Mario Martín Gijón / Chiara Francesca Pepe / José-Ramón López García (eds.): Destierros y destiempos. Una revisión del exilio republicano español. 2021.

www.peterlang.com

www.ingramcontent.com/pod-product-compliance
Lightning Source LLC
Chambersburg PA
CBHW060756310726
48980CB00002B/118
* 9 7 8 3 6 3 1 8 5 3 7 0 2 *